北海道

すてきな旅CAFE

森カフェ&海カフェ

新装改訂版

Mates-Publishing

CONTENTS

※本書は2015年発行の『北海道すてきな旅CAFE 森カフェ&海カフェ 【道央・道南編】』の改訂版です。

- ガーデンカフェ&レストラン スウィートグラス ガーデンカフェアンドレストラン スウィートグラス［恵庭市］…… 032
- Ristorante e Caffe nao リストランテ エ カフェ ナオ［千歳市］…… 034
- MEON garden Café ミオン ガーデン カフェ［千歳市］…… 036
- カフェレストラン ヴィーニュ カフェレストラン ヴィーニュ［札幌市］…… 040
- 大倉山 月見想珈琲店 おおくらやま つきみそうこうひいてん［札幌市］…… 042
- cafe én カフェ エン［函館市］…… 044
- cafe T's+ カフェ ティーズプラス［函館市］…… 046
- 自家焙煎珈琲 ピーベリー じかばいせんこうひい ピーベリー［函館市］…… 048

04 絶景

- カフェ崖の上 カフェがけのうえ［札幌市］…… 050
- 椿サロン 夕焼け店 つばきサロン ゆうやけてん［新冠町］…… 054
- 喫茶セリナ きっさセリナ［札幌市］…… 058
- high grown café ハイ グロウン カフェ［札幌市］…… 060
- View Café ビュー カフェ［小樽市］…… 062

- 海のダイニング shirokuma うみのダイニング シロクマ［函館市］…… 098
- Coffee Room FLOAT コーヒールーム フロート［北斗市］…… 102
- 海峡の茶処 爽 かいきょうのちゃどころ さわ［知内町］…… 106
- Cafe LAMINAIRE カフェ ラミネール［函館市］…… 110

07 観光地での癒し

- JAZZ&カフェ 茶菓いっ風 ジャズアンドカフェ ちゃかいっぷう［新冠町］…… 114
- 士幌高原ヌプカの里 しほろこうげんヌプカのさと［士幌町］…… 116
- 支笏湖観光センター しこつこかんこうセンター［千歳市］…… 118
- レストハウス梓 レストハウスあずさ［壮瞥町］…… 122
- Restaurant 癒月 レストラン ゆづき［小樽市］…… 124
- インデックス …… 126

［ …… 森カフェ …… 海カフェ ］

○この本に記載されている情報は、2019年6月現在のものです。これらの情報は予告なく変更される場合がございますので、事前にご確認ください。
○商品は消費税別の価格を掲載しております。ただし、価格は予告なく変更される場合がありますので、ご了承ください。
○そのほか詳細につきましては、各店舗へお問い合わせください。　○掲載店舗は順不同です。

全域MAP

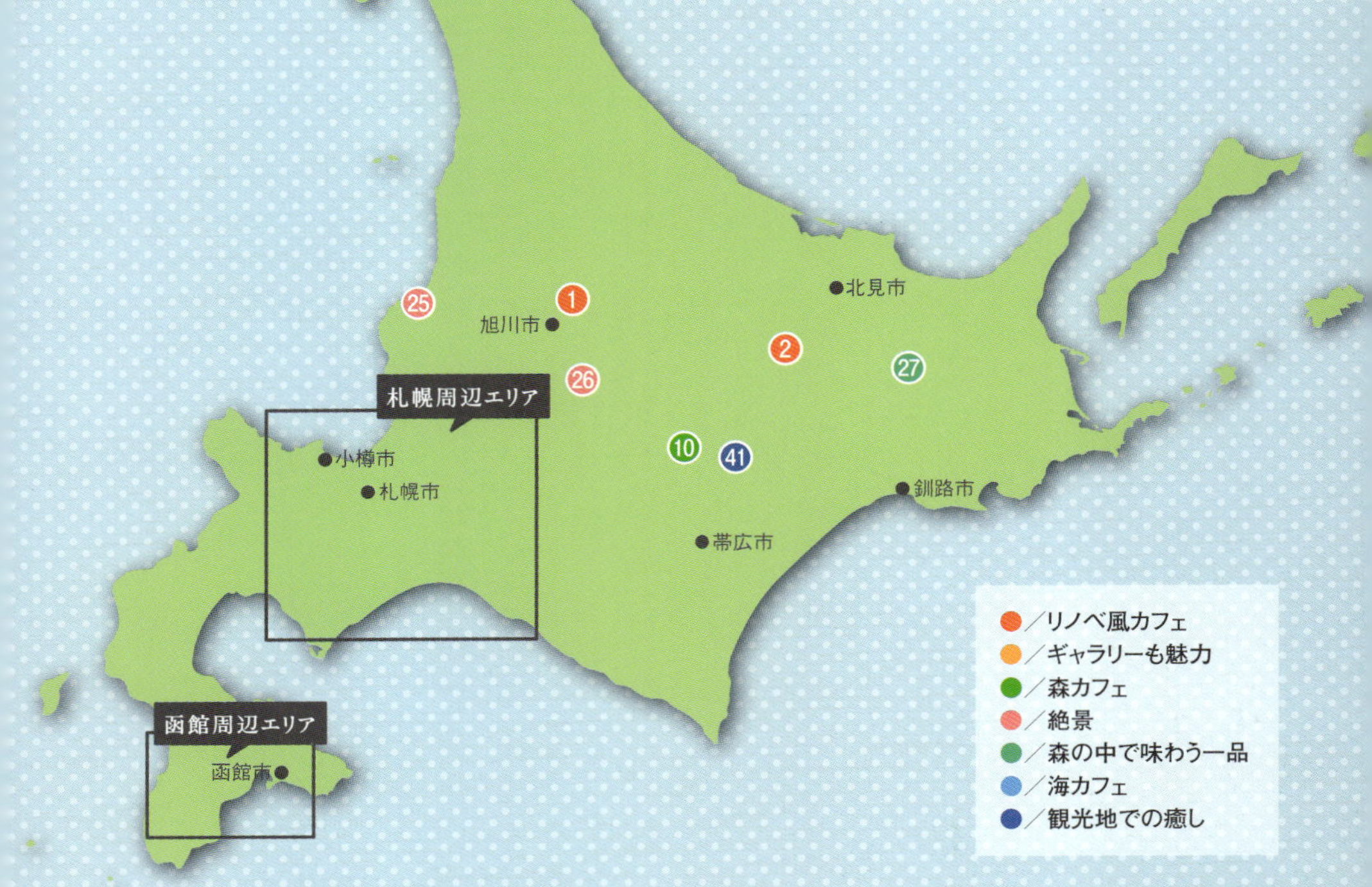

稚内市
旭川市
北見市
札幌周辺エリア
小樽市
札幌市
釧路市
帯広市
函館周辺エリア
函館市
／リノベ風カフェ
／ギャラリーも魅力
／森カフェ
／絶景
／森の中で味わう一品
／海カフェ
／観光地での癒し

札幌周辺エリア

函館周辺エリア

古い納屋をリノベした建物とガーデンの美しさが魅力

緑に囲まれたテラスで楽しめるスイーツ

元々は農業を営んでいた「上野ファーム」が農産物を買ってくださる方々に農場の環境や農村風景をより楽しんでいただこうという思いから始まったオープンガーデン。その一角に築65年以上も経った古い納屋を大改造して、2008年よりオープンしたNAYA caféでは北海道の素材をできるだけ利用した軽食やスイーツなどが楽しめる。中でも夏の人気メニューの「ガーデン風タコスミートライ

①様々な花や緑に囲まれた「自然の中のテラス」 ②落ち着いた雰囲気の店内ではおしゃれな雑貨を見ることもできる ③女性に人気のドリンク「季節のフルーツティー」（中央）、「ベリーのスパークリング」（右）、「ミントのスパークリング」（左）（各630円） ④リノベカフェの雰囲気がどこか落ち着く65年の歴史ある建物

ス」は地元で獲れたたっぷり野菜とトマトベースのタコスミートで、色鮮やかな庭をイメージしており女性に大人気。カフェ内では雑貨を扱っており、展示やイベントなどが開けるギャラリーもあります。

上野ファーム NAYA café

うえのファーム　ナヤカフェ

- ●住：旭川市永山町16丁目186
- ●T：0166-47-8741
- ●休：営業期間は無休
- ●P：80台
- ●席：店内30席、テラス12席
- ●営：10：00～17：00（LO16：30）（4月下旬～10月中旬まで営業）
- ●アクセス：道央自動車道「旭川北」ICより車で約20分

店主の手作り内装と陶芸品が光る十勝最北端のカフェ

盛り付けされるうつわによって変わる料理の魅力

大自然の森に囲まれたこのカフェは、元簡易郵便局で商店もやっていた建物を利用し、内装をオーナーのｔｏｍｏさんが手作りして２０１３年にオープンした十勝最北端に位置するカフェ。陶芸家でもあるｔｏｍｏさん自身が作ったうつわで身体にやさしい料理を楽しめ、特にトマトベースのカレーは、リンゴと玉ねぎで自然な甘さとコクが感じられる一品で他にも地元の新

①木を基調とした落ち着ける店内はゆっくりの時間を過ごせる ②店内には店主オリジナルの陶芸品が陳列されている ③女性人気NO1のベリーベリーティラミス（400円）④大自然に囲まれたこの場所で様々な野鳥に出会うこともできる

Café&うつわ tomono

カフェアンドうつわ トモノ

- ●住：陸別町小利別本通東1-9-1
- ●T：080-5581-1155
- ●休：日曜日～火曜日
- ●P：5台
- ●席：20席
- ●営：8：15～20：00（水曜日～土曜日のみ営業）
- ●アクセス：陸別町役場より車で約15分、北見より車で約30分

鮮な野菜を使った料理が目白押し。料理だけでなく陶芸窯で作られたうつわが店内に多く展示しており、陶芸目当てに遠方から訪れる人々が後を絶たない。料理に使われるうつわは1割引きで買うことができるのも女性に大好評の秘訣。

UMICAFE MORICAFE
海cafe

小樽運河に浮かぶ初の船カフェ

運河を眺め、会話も楽しめる席に客の皆がフレンドリー

歓迎してくれる カモメと 小魚達と共に

小樽運河は内陸に水路を掘ったものではなく、沖合を埋立て、陸との間に出来た水路であり、「埋立て式運河」と呼ばれる。海上に停泊した船舶からの貨物を乗せた艀（はしけ）舟を係留し、貨物の荷揚げに使われた。直線ではなく緩やかに湾曲しているのが特徴で、大正12年に完成したこの運河にその名を受け継ぐだけでなく、実際の貨物の運搬に活躍した「艀舟」を船上カフェとして復活させた。これから小樽の名所となりうる、歴史を感じながらくつろげるスポット。

歴史とともに歩んできた艀に小樽を感じる

①隣の船の客室を利用したスタジオ。船の中でのライブで皆、大盛り上がり ②後部にあるテラスからは遊覧船とかもめが間近で見られる ③ブラジル産にこだわるコーヒー（430円）は1階客室部分を厨房に改造し、丁寧にドリップされる

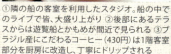

月2回だけの
運河の上の隠れ家

北海道屈指の観光名所「小樽運河」。その運河の一番奥に2艘の船を利用したカフェが浮かぶ。海とは違い、運河は波がほぼ立たない為、船上でコーヒーをまったりと飲んでいても、大きな揺れは無い。目の前を観光船が多くの客を乗せて過ぎ去り、カモメが船上にて骨休めをしている。このシチュエーションはこのカフェでしか味わえない。2艘目の船の客室はスタジオになっており、ここで様々なグループがミニコンサートを開いている。家族連れも多く、船から顔を出し、餌を与えると小魚が無数に近寄ってくる。

BOOT CAFÉ 艀

ボートカフェ　はしけ

●住：小樽市色内3丁目11
●T：090-5078-7060
●休：毎月第1・第3日曜日以外
●P：なし
●席：14席（喫煙可）
●営：11：00～17：00
（毎月第1・第3日曜日のみ営業）
●アクセス：JR小樽駅より徒歩約20分
小樽運河を北方面に歩いて一番奥

操縦室まで見える
船内に子供達から
カップルまで楽しめるよ！

過去から続く海の時間を穏やかに眺めて

海を見下ろすように、高台に佇む建物。背後には函館山

今も昔も変わらない癒しの色

かつてこの場所には、たくさんの人、たくさんの物が集まってきたという。遠い異国からやってきた、これからこの大地と出会う者。そんな過去の人々を感動させたに違いない、海の優しさ。夕日の柔らかさ。だからこの場所から海を見つめていると、新しい明日を迎える勇気が心に宿るような気がする。「初めてなのに、懐かしい」きっと誰もがそう感じる癒しの空気が、この場所にはあるのだろう。そして、今日も。変わることのない海が、人を感動させる。

いつまでも時間を忘れて海に見惚れていたくなる

①霧島、嬉野、伊勢など各地の銘茶を味わう煎茶（600円）が人気 ②壁際に100年前の独製オルゴールが。今でも美しいメロディを奏でる ③宇治の抹茶（1,000円）を季節の和菓子と一緒に

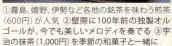

選りすぐりの日本茶を味わいながら

「夕日のころには、太陽が海に映ってオレンジ色に染まる。その光の道が店の方へと伸びて、とても見事です」と店主の大谷さん。この場所に惚れ込み、本州から夫婦で移住。明治18年建造の旧検疫所は、現存する古い建物として函館でも5本の指に入る。「日本茶なら、何杯でもお湯をおかわりして長くくつろいでもらえる」と日本茶カフェに。煎茶、玉露、抹茶…茶畑を巡って勉強し、気に入った産地のお茶を定番メニューに。夏にはきりっと冷やした冷茶の数々も人気。甘みがあって香り豊かなお茶に触れれば、きっと日本茶へのイメージが変わるはず。

ティーショップ夕日

ティーショップゆうひ

- ●住：函館市船見町25-18
- ●T：0138-85-8824
- ●休：木曜日、第2・第4水曜日
  （12月初旬～3月中旬は冬期休業）
- ●P：8台（無料）
- ●席：20席（禁煙）
- ●営：10:00～日没
- ●アクセス：バス停船見町より徒歩約3分

かしこまらず日本茶を
楽しむことができるカフェ。
レトロな建物も素敵なの

UMICAFE MORICAFE
海cafe

はじける波しぶきと波音が会話を盛り立てる

海の家を思わせる造りの入口を抜けるとそこには絶景が

遠くに見える水平線を眺めながら心を癒す

目の前は果てしなく続く太平洋。手前にあるテトラポットからのぼる波しぶきと心地よい波音。北海道の海の玄関口苫小牧に、心落ち着き、気持ち良い時間を過ごせるカフェがある。四季によって変わる太平洋の姿、波音の魅力を求め多くの人が癒されに来る隠れ家カフェ。潮風を感じながら、ゆっくり流れる時間を楽しむ空間はひと時の贅沢。日常を忘れ、心の奥から洗い流される波音に酔いしれる、海カフェ。

様々な変化をみせる太平洋を音で感じる

①波しぶきがとどきそうになるほど海が目の前のテラス ②地元名産のホッキ貝を使った店イチオシのメニュー。ホッキ＆ミニトマトのピザ（S：1,200円、L：1,500円） ③海を眺めながら、のんびりゆったりできるカウンター

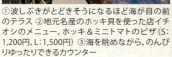

開放的なテラスから見る海の青さは目に焼き付く

フェリー発着の場として全国でも有名な苫小牧。工業地帯のイメージもあるこの街に太平洋に面した浜辺の「絶景&癒し」のカフェとして人気の店。窓際の席でゆったり海を眺めながら食事を楽しんだり、暖かい季節には外のテラス席で潮風を浴びながら、港に入るフェリーを見ることもでき、カップルや女性たちが会話を楽しみながらゆったりとした空間を楽しんでいる光景が日々多く見られる。店内で焼きたてのピザなどメニューも豊富で、リピーターの方が多いのもこのカフェの特徴。気さくなオーナーと店長の会話も地元に愛される理由の一つ。

nonびり〜の

ノンびり〜の

●住：苫小牧市浜町2-2-4
●T：080-4501-5450
●休：月曜日（月曜日が祝日の場合は火曜日）
●P：25台
●席：店内18席、テラス26席
●営：11：00〜21：00
（pizzaは12：00〜、閉店時間は変更有）
●アクセス：苫小牧中心部より車で約10分

大自然の緑と野鳥達とのふれあいのカフェ

大自然の真骨頂

千歳から支笏湖に向かう途中、このカフェがある。野鳥写真家で有名な嶋田　忠さんのギャラリー&カフェで名前の通り、手を伸ばせば木の枝に届きそうなくらいの森林が広がる。ここには60種類を超える野鳥が生育しており、取材中でも、10種類以上の野鳥を間近に見ることができた。カウンターの奥に野鳥を間近に撮影できるバードカフェもあり、コーヒーを飲みながら、野鳥が来るのを待っていると、時を忘れてしまう。シェフが自信を持ってお勧めする、ホットサンドイッチも大人気メニューの一つ。日常生活をひと時忘れたい人々が通う数少ない癒しのスポット。

①こだわりのコーヒー(480円)とピクルス等が入ったシェフお勧めのホットサンドイッチ(600円) ②④おしゃれなギャラリーを思わせる建物と看板。中に入るともう大自然の中にいるかのようなギャラリーと外の緑が気分を盛り立てる ③手を伸ばせば、もうそこは森林の中。店内にも大自然の中の静けさが心に染み込んでくる

ザ バード ウォッチング カフェ

ザ バード ウォッチング カフェ

- ●住:千歳市蘭越90-26
- ●T:0123-29-3410
- ●休:火曜日
- ●P:14台(無料)
- ●席:14席(禁煙)
- ●営:10:00〜17:00
- ●アクセス:新千歳空港より車で約20分

山の中腹に佇む猫が心を癒すカフェ

大自然の中に優しさを感じる

ここは石狩の森林や牧場が一望できる山の中腹に位置し、春は目の前の広大な芝地を、旅の途中の白鳥がひとときの間の休憩所としても使っている。数え切れないほどの白鳥が羽を休めるだけあって、穏やかな雰囲気が感じられ、目の前を流れる川のせせらぎが心を癒してくれる。自家焙煎のコーヒーや甘い味わいの中標津牛乳を使用したソフトクリーム、猫の桜店長が時を忘れさせてくれる。店内も猫をイメージしたコーヒーカップや有名な画家の猫の絵画など、猫好きにはたまらない装飾物ばかり。緑に囲まれながらこの店が心を満たしてくれることだろう。

①スイーツちょこっと三種盛り（コーヒーとセットで800円） ②中標津牛乳のソフトクリーム（300円） ③天気のいい日は猫の桜ちゃん（店長）が入口横のベランダでお迎えしてくれる ④この建物はねこ道楽の経営者が、5年もの歳月をかけて自分たちの手で建てたもの。外観や店内を見ても建てた人たちの優しさを、感じることができそう

お店の外にある小さなロッジでアイスクリームを売っているよ♪

ぎゃらりー＆かふぇ ねこ道楽

ぎゃらりーアンドかふぇ ねこどうらく

- ●住：石狩市厚田区聚富17-364
- ●T：080-3232-3010
- ●休：月曜日～木曜日
- ●席：20席（8席喫煙／12席禁煙）
- ●営：6月～9月頃まで 11:00～16:00
- ●アクセス：中央バス札厚線 聚富団体より徒歩約30分

住宅街の中に森の中を想わせる手作りカフェ

地域の中で癒される空間を目指す

同じ建物の中の設計事務所が経営するカフェ。店内に入ると驚きの居心地の良い空間が広がる。建築士がアイディアを出し合い、おしゃれな空間を造り出している。これからもさらに上質の安らぎ空間を追求していくようだ。窓から見える緑がこれからもっと成長し、まるで森の中にいる錯覚を想わせる空間ができていくと思うと楽しみが広がる。気遣いは珈琲や手作りのケーキを食べても納得。雪の結晶を描いた

①窓から見えるお洒落な庭と風を感じながら別世界に引き込まれる ②緑を感じることのできるカウンター席は、落ち着きのある木が使われている ③雪の結晶を描いたカフェラテ（550円）季節のケーキ（300円） ④隣近所のオアシスを目指すカフェ。建築士の手で現実を忘れられる空間を作り出す。現在育っている樹木やお花の数々が、森の中のカフェに変えていく

けんちくとカフェKanna

けんちくとカフェカンナ

●住：札幌市北区北28条西11丁目1-1
●T：011-802-9901
●休：火曜日、水曜日、木曜日
●P：4台（無料）
●席：16席（禁煙）
●営：11:30〜16:00
●アクセス：JR学園都市線 新川駅より徒歩約9分

カフェラテや手作りの木イチゴのケーキは多くの客に絶賛を浴びている。住宅街にありながら気軽に気分転換できる空間は、近隣の方々にも大好評の安らぎの場所ともいえる。

UMICAFE MORICAFE
森cafe

有珠山の中腹で緑とガラスに囲まれる

グラスに映る緑がこころを癒す

洞爺湖温泉街からやや15分程湖畔を走り、有珠山を目掛けて登っていく山の中にひっそりとたたずむ、何ともお洒落な山カフェ。山道のところどころにある看板がなければ、到底たどり着けないほど細い道を登った所に存在する。しかし、車を降りると山の中腹から見る洞爺湖の景色に圧巻。店内に置かれたさまざまなガラス作品の鮮やかさに驚きと感動を覚える。宙吹きという方法で作られる作品は芸術的

①②このガラス作品を求め、遠い所からの客も多く、ガラス作りの体験もできる（要予約） ③ガラスで作ったカップでコーヒー（500円）を飲むのは誰もが初体験 ④大自然とガラス作品を融合させた貴重なカフェ。メルヘンチックな建物と店内に心高鳴る

ガラスが奏でる
ハーモニーは安心感が
ありますよ

で、ここで楽しめるコーヒーも独特のガラスで作ったカップで、外を眺めながらゆっくりと堪能することができる。森の鮮やかな緑と湖の青さに加えてガラスの魅力を満喫できるカフェ。

gla_gla

グラグラ

●住：虻田郡洞爺湖町月浦44-517
●T：0142-75-3262
●休：不定休
●P：10台（無料）
●席：7席（分煙有）
●営：12:00～17:00／土日祝 11:00～17:00
●アクセス：洞爺湖温泉街より車で約15分

UMICAFE MORICAFE
森café

自然に囲まれた農家レストラン&カフェ

地元鹿追産のお肉や玉子を使った豊富なメニュー

十勝地方、鹿追町にある農園レストラン&カフェ。お店のすぐ前、国道沿いの放牧柵の中にはポニーがいて、農村風景に溶け込むお店。周囲は綺麗に手入れされた芝生のほか広大な畑や牧場が広がり、豊かな自然に囲まれている。隣接する「カントリーコテージ」では大自然の中で宿泊することもでき、田舎暮らし気分を楽しみながらこの土地ならではの食をゆったり味わえ

①地元名産の「鹿追牛ステーキセット」(3,456円) ②コテージ風の店内は、入り込む日差しで明るい雰囲気 ③隣接するコテージでは農村の雰囲気をたっぷり味わえる ④外のテラスでは天気のいい日はポニーを眺めながら一息つける憩いの場

店舗横にある広大な芝生が
雄大な十勝地方の象徴だよ！

る。地元は野菜が豊富な地域で、中でも地元の野菜を活かした代表的なメニュー「農園ランチセット」や鹿追牛のメニューは遠方からの観光客にも大好評。農村で過ごすスローなひと時を過ごすことができる。

カントリーパパ

カントリーパパ

- ●住：河東郡鹿追町笹川北5線11-1
- ●T：0156-66-2888
- ●休：毎週火曜日
- ●P：30台
- ●席：40席
- ●営：10:00〜19:00
- ●アクセス：帯広市街より車で約40分、JR新得駅より車で約20分

緑豊かな木漏れ日と花の香りに包まれる

北海道らしさへのこだわり

恵庭インターチェンジを下りて、恵庭渓谷白扇の滝に向かう森の中にスウィートグラスはある。玄関前の100種類に及ぶ花畑に思わず足を止めてしまう。そして横のテラスには白扇の滝をイメージしたクレマチスが広がる。北海道をイメージしてお店づくりをしたという店主の言葉通り、道外からの客が多い。店内カウンターから外を見るとそこは北海道をイメージさせる森林の鮮やかな緑が一面に広がる。

①恵庭産の卵白が強い黄身丸を原材料に使うのは、黄身丸じゃないとこのふわふわ感がでないから。シフォンケーキセット（620円）②柔らかさにこだわった地元産豚肉は、200gのボリュームでソースも地元産にこだわっているポークステーキセット（1,520円）③落ち着いた店内はログハウスを利用したもので店中に花の香りが漂う ④白扇の滝に行く途中の方もちょっと一息。滝のマイナスイオンを浴びる前に花の香りで心を癒す

一度来ると病みつきになりそう！北海道を満喫できる一番の近道！

道外からの客は最終日、札幌を出て新千歳空港へ帰路につく途中ここに寄ることが多いという。最後に北海道を味わって帰る最高のコースなのかも。

ガーデンカフェ&レストラン スウィートグラス

ガーデンカフェアンドレストラン　スウィートグラス

●住：恵庭市盤尻20-1
●T：0123-32-0418
●休：10月まで無休、11月～不定休
●P：4台（無料）
●席：18席（分煙有）
●営：平日11：00～17：00（17：00以降要予約）
　土日祝11：00～20：00
●アクセス：恵庭インターチェンジより車で約5分

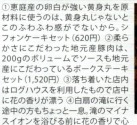

多彩な緑に囲まれた安らぎの風格を感じさせる

新緑に囲まれた安らぎの風格カフェ

支笏湖通りから森林の中に向かって進んで行くと川のせせらぎが聞こえ、木に囲まれた中に歴史を感じさせる風格のある建物が見えてくる。全てのテーブル席から大自然を味わう事ができ、こだわりのエスプレッソやカフェラテを楽しむ事が贅沢に思えて来る雰囲気。道産の食材を中心にしたイタリア料理のお洒落なコースメニューがシェフお勧め。この癒される雰囲気を求め道外からの客が多く訪れる。季節の食材にこだわり、季節によって変わるコースメニューと四季折々の風景が大人の心を癒してくれる。

①歴史ある建物を引き立てるようなさまざまな木の多彩な色に落ち着きを感じる ②ランチコース（1,700円）は写真の他に大アサリのパスタもつく ③窓から入ってくる日差しがムードを盛り上げ、そこから見える緑の色彩を引き立たせる ④欧米の建物を感じさせる外観。店内も期待を裏切らない

地元の食材を使った
イタリア料理とこだわりの
コーヒーをどうぞ！

Ristorante e Caffe nao

リストランテ　エ　カフェ　ナオ

●住：千歳市蘭越4-4
●T：0123-27-2668
●休：月曜日（祝日の場合は営業翌日休）
●P：30台（無料）
●席：30席（分煙有）
●営：昼11：00～14：30／夜17：00～21：00
（12月～3月は冬季休業）
●アクセス：新千歳空港より車で約15分

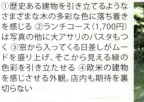

新緑と水が溢れる別空間

飲食後は園内の数々の果樹や森林をゆっくり歩きながら楽しむ事が出来る

澄んだ空気が 湧水のように 満ちた空間

ここは緑を感じるおだやかなカフェ、という言葉では表現しきれないほど、スケールの大きい庭園。さまざまな樹木や果樹、支笏湖の伏流水が庭園の中の植物にうるおいと活力を与える。

　この空間を求めるのは人間だけではなく、多種類に及ぶ野鳥にとっても同じである。まさにここは大自然の集大成。安らぎを求めるすべての条件を満たしてくれる最高の空間。数々のきらびやかな色彩を、目の当たりに堪能できるこのカフェは、都会では味わえない。

深い森の中に宿る野鳥たちが集う空間

①ドイツ製の薪窯で調理したパンやココットに、地元野菜を使用したスープ（1,950円）が絶品 ②ジャージー牛のジェラート（1,200円）もまろやかな味 ③数々の樹木と支笏湖の伏流水を間近に実感できる

緑のグラデーションに心休まる

千歳市から支笏湖に向かう途中、「CAFEはコチラ」の看板を右折し、森に向かって行くと、MEON農苑内にあるカフェにたどり着く。木々の緑にこれだけのカラーバリエーションがあることに驚きを感じ、目の前には支笏湖の伏流水が流れ、美味しい水を味わうことができる。樹齢100年の歴史を持つ「えぞ松」がテラスを取り巻き、オーガニックの美味しいコーヒーの香りが時を忘れさせてくれる。元々はアンティーク雑貨店を営んでいたお店でもあり、オーナーの「衣食住」全てを極めるという言葉に嘘は無い。園内で採れるブルーベリーなどを使ったジェラートも人気のメニュー。

MEON garden Café

ミオン ガーデン カフェ

●住：千歳市蘭越1625-6 MEON農苑内
●T：0123-26-2007
●休：木曜日（夏期4月～10月）
水曜日、木曜日（冬期11月～3月）
●P：15台（無料）
●席：店内50席、テラス22席（分煙有）
●営：10：00～18：00（夏季4月～11月）
10：00～17：00（冬季11月～3月）
●アクセス：新千歳空港より車で約15分

北海道をレンタカーで
周る人はここから
スタートする方が多いですよ

緑の深さと自然林が心を和ませるカフェ

野鳥のさえずりで時を忘れる

札幌市内から定山渓に向かって車で30分程走った所に、カフェレストランヴィーニュがある。周りには藤野エルクの森パークゴルフ場やポタジエ（農園）があり、お店直営の「さっぽろ藤野ワイナリー」も隣接し、目の前にそびえる焼山の麓すべてがカフェのためにあるように見える。数え切れないくらいの野鳥が毎日お店の前に流れる小川に集まり、山林の緑と数十種類の果樹を眺める幸せを実感できる空間。店内に入

ると見上げるほど高い吹き抜けと、直営農園で穫れた素材を使った料理やデザートが、より一層贅沢感と安らぎを与えてくれる。

①道産小麦100%、バジル、ズッキーニなど地元で穫れた新鮮野菜が美味しさを引き立てる。ヴィーニュスペシャルミックスピザ（1,500円） ②地元農園でできた葡萄100%で作ったヴィーニュパフェ（800円）。下からレモンゼリー、ナイアガラアイス、ブルーベリーソース、ワインアイス、ブドウジュースゼリー ③店内は、吹き抜けになっているので心地よい空間の中で食事を楽しめる ④札幌中心部から定山渓へ向かう途中にこのオアシスがある。森林に囲まれていて建物は見えないが、大きな看板を目印にたどり着くことができる

森と川と綺麗な花と
野鳥たちを同時に眺められる
自然の宝庫なんだ！

カフェレストラン ヴィーニュ

カフェレストラン ヴィーニュ

●住：札幌市南区藤野663
●T：011-591-5676
●休：無休（4月〜10月）
毎週水曜日（11月〜3月）
●P：20台（無料）
●席：20席（分煙有）
●営：平日11：00〜17：00／土日祝11：00〜20：00
●アクセス：じょうてつバス定山渓線 藤野3条2丁目下車
徒歩約15分

UMICAFE MORICAFE 森cafe

広がる空と多彩な四季のくつろぎ空間

ロッジを思わせるシックな雰囲気

札幌オリンピックでジャンプ競技が行われた大倉山。そのふもとに建つ、緑に囲まれたおしゃれなカフェ。一見登山途中のロッジを感じさせる外観に、思わず足を止めてしまう造りをしている。そして木に囲まれた入口を開けると、そこは素晴らしいモダンな店内。サイフォン式で丁寧に作るコーヒーの香りが漂う。養鶏所より毎日取り寄せている卵を使った自家製ケーキを求め、幅広い年齢層の客がくつろいでいる。そしてそのケーキのお皿にはソースデコレーション。このデコレーション目当てに訪れるファミリー客も多いという。眺めているだけで幸せを感じてしまう。

①ガトーショコラ&クリームブリュレ（セット950円）ソースデコが大人気 ②店の中庭に色彩を楽しめる花が多数 ③落ち着けるソファー席も用意。窓から緑を満喫できる ④北海道神宮、円山動物園を過ぎ、ここから大倉山に登るという所の樹木に囲まれた月見想珈琲店。ちょっと寄ってみたくなる外観。店内の落ち着いた雰囲気に魅せられ、リピーターになる客も多い

森林に囲まれた素敵なお店でワクワクして吸い込まれそう！

大倉山 月見想珈琲店

おおくらやま つきみそうこうひいてん

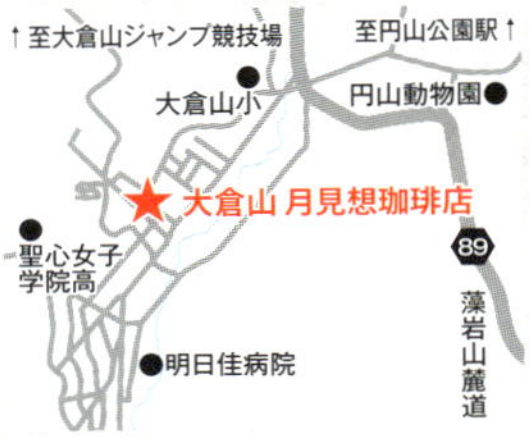

●住：札幌市中央区宮の森2条16丁目3-11
●Ｔ：011-641-9996
●休：火曜日、不定休
●Ｐ：10台（無料）
●席：27席（7席喫煙／20席禁煙）
●営：11:00～23:00（水曜日～日曜日）
　　11:00～19:00（月曜日）
●アクセス：JRバス荒井山線 大倉山競技場入り口前より徒歩約1分

UMICAFE MORICAFE
森 café

函館山と街並みを一望 高台に立つカフェ

函館の裏夜景も魅力的な癒しの空間

バリアフリーの店内は天井が高く、開放的な空間で大きな窓からは函館山や函館の市街地、天気が良い日は遠く上磯や矢不来まで見渡せる。ランチタイムに訪れる常連客も多いが、何といっても夕刻のピンク色から刻々と輝きを増していく、裏夜景と呼ばれる美しい景色が見逃せない。近隣農家から仕入れた有機野菜をたっぷり使った、体にやさしいヘルシーなオリジナル料理を味わえる。音楽や芸術にかかわっている人を応援したいとの店主の思いから作品展や各種サークル活動、地域イベントなどを積極的に支援している。

①本日のデザートから、にゃんロールケーキ（500円）②手づくり雑貨なども販売している③ピリ辛のナシゴレン（サラダ・ドリンク付1,100円）は開店15周年記念の復活メニュー④ヒースの花咲く道南四季の杜公園近くに立地。建物の周囲には十数種類のバラが植えられていて次々と咲く花は初夏から秋のはじめまで楽しめる

cafe én

カフェ エン

- ●住：函館市赤川町365-5
- ●T：0138-47-4333
- ●休：月曜日、火曜日、第1日曜日（2月は冬期休業）
- ●P：10台（無料）
- ●席：32席（禁煙）
- ●営：11：00～18：00（18：00以降は予約）
- ●アクセス：産業道路赤川交差点より車で約5分

UMICAFE MORICAFE
森café

景色とスイーツ求め 青い扉の一軒家カフェ

テーブル席から函館市街地を一望

東山にある眺めの良いカフェと評判のこのお店は、２０１３年秋にオープン。店主がカフェを兼ねた自宅を新築したのは、ここからの景色を絶賛した友人のアドバイスがあったからという。ゆったりと配置されたテーブル席から見える函館市街地の眺めは格別。こだわりの道産小麦を使ったオリジナルのパンケーキは、表面サックリ、中はふんわり。ステーキやピラフ、パスタなどフードメニューも充実している。夜は高

①ガーリックピラフと和牛のひまわりオイル揚げステーキ（2,100円）②ティラミス～クワドリフォリオ～（2枚重ね 1,100円）③カウンターは6席でゆったり寛げる ④気さくな店主が営むカフェは地元の来店客も感激するという函館の景観を堪能できる。店内に流れる音楽を聞きながら味わうコーヒーも格別

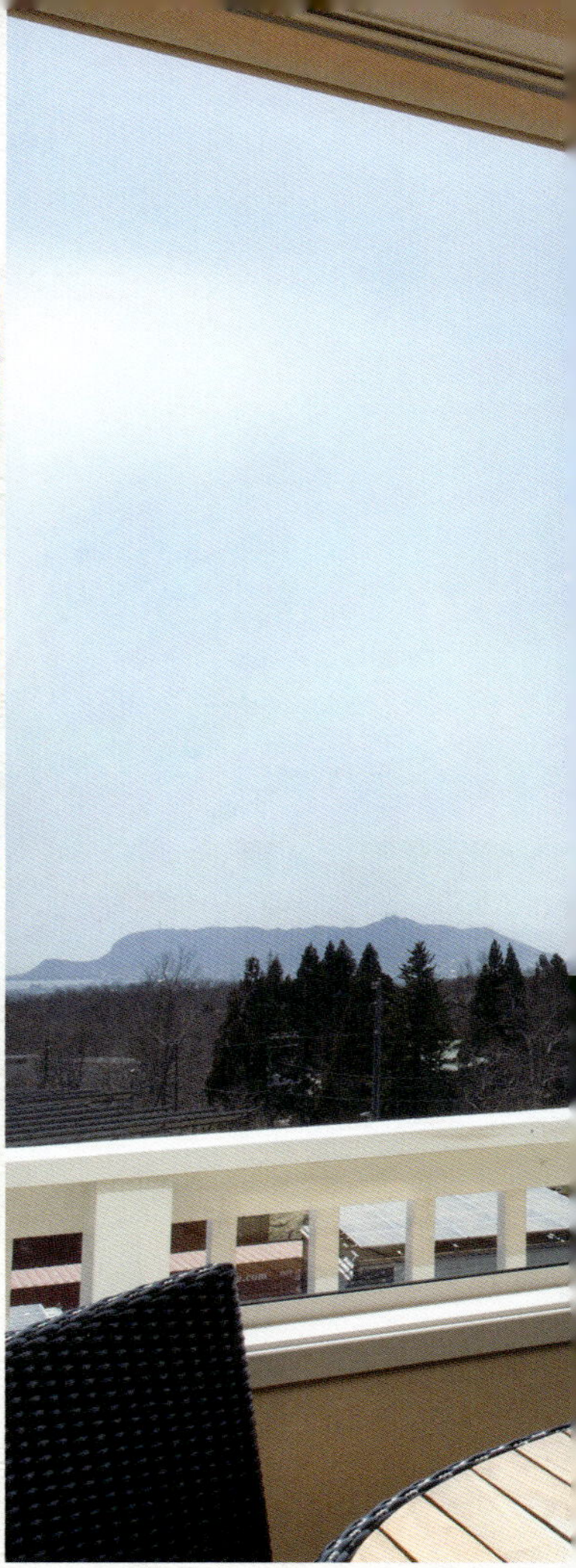

東山墓園線から右に
入った所の小さな看板が
目印。迷ったらお電話を！

台から見える裏夜景と漁火が美しい。道端の小さな看板を頼りに、ぜひ探し当ててほしいカフェだ。

cafe T's+

カフェ　ティーズプラス

●住：函館市東山町143-133　●T：0138-84-5291
●休：火曜日、第4水曜日　●P：6台（無料）
●席：14席（喫煙可）
●営：11:30～21:30（LO20:30）／
月曜日 11:30～19:00（LO18:00）
●アクセス：産業道路・東山墓園線より車で約10分
※お子様同伴は他のお客様への配慮でご遠慮いただくことがあります。
※座席数に限りがあるため5名以上の団体は
入店できない場合があります。

UMICAFE MORICAFE 森café

四季の五稜郭公園を愛でるカフェ

四季折々の景色をひとり占めできる

散策やジョギングを楽しむ人で賑わう五稜郭公園は、毎年5月上旬に約１，６００本のソメイヨシノが咲き誇る桜の名所としても知られる。その公園に隣接する場所にあるのがこの店。大きな窓から眺める景色の美しさと焼きたてのパンや自家焙煎した香り高いコーヒーが味わえる。春に訪れたなら、桜を見ながらゆったりと寛ぎたい。

店主が趣味のパン作りを生かそうと、この土地で店を始めたのは１９９８

年。趣味で集めたアンティークの家具や小物が飾られ、テーブルにバラを添えた落ち着いた雰囲気の店内には今日も焼きたてパンの香りが漂う。

①オーナーが趣味で集めたアンティークの家具やインテリアに心和む ②桜のシーズンにおすすめのテラス席 ③手作りケーキとピーベリーブレンドコーヒーなどホットドリンクのセット(850円) ④建物のまわりには数十種類のバラが植えられている。初夏には次々と花をつけ、庭で摘み取ったバラは店内のテーブルに飾られる

4月から10月までは朝8時にオープン。ゆったりモーニングやブランチに

自家焙煎珈琲 ピーベリー《じかばいせんこうひい ピーベリー》

●住:函館市五稜郭町27-8
●T:0138-54-0920
●休:月曜日、第2火曜日
●P:10台(無料)
●席:33席(店内禁煙/ベランダ席喫煙可)
●営:8:00～17:00(4～10月)/
9:00～17:00(11～3月)
●アクセス:中央図書館前バス停より徒歩約1分

幻想風景を生み出す澄んだ空気に包まれる

平成29年に今までの店舗の横に建てられた内外とも木を基調とした落ち着いた雰囲気のカフェ

澄んだ空気が包む山あいの理想郷

定山渓温泉を過ぎ、奥深い森林の中に入って行くとそこに、信じられないほどの絶景を間近に見ることができる「カフェ崖の上」にたどり着く。名前の通りそこは崖の上におしゃれに建つカフェ。もはや芸術に近い景色、美しすぎる非日常的な光景。目の前の樹木に眩しいくらいの日光が当たると、鮮やかな緑のグラデーションを目の当たりにすることができる。川のせせらぎと野鳥のさえずりが、さらに雰囲気を盛り上げ、ここがカフェであることを忘れてしまう。この美しすぎる自然の輝きは絶景と呼ぶにふさわしい。

眼下に広がる風景に 時を忘れるカフェ

①店内は定山渓の木々から差し込む日差しでいっぱい ②サイフォン式で丁寧に入れたコーヒーとこだわりのケーキセット(980円) ③心地良い光が差し込む店内。下を覗き込めば透き通った川の流れについ見とれてしまう

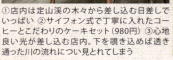

テラス空間からの神秘的な景色に言葉を失う

周りを定山渓の樹木に囲まれ、カフェの下には白井川のせせらぎを見下ろすカフェ。約10年間の営業を機に、2年前今までの建物の横に新たな魅力の詰まった店舗が誕生した。カウンター席、テーブル席をゆったりと完備した店内には、陶芸家の傑作品や鉄瓶の南部鉄器が並ぶ。店内からみる絶景を目当てに来るお客様だけでなく、この陶芸品などを購入することを目的とした方も多い。ゆったりとできる店内の装飾や定山渓の渓谷の美しさに惚れこむ方々が後を絶たない。

カフェ崖の上

カフェがけのうえ

●住：札幌市南区定山渓567-36
●T：011-598-2077
●休：月曜日（祝日の場合翌日）、12月26日～年始
●P：6台（無料）
●席：20席（分煙有）
●営：10：00～18：00
●アクセス：中央バス 定山渓大橋より徒歩約15分
※中学生未満のお客様はご遠慮いただいております

緑の香りや
川の音に包まれて、
癒されるよ

太平洋を眼下に 至福のひと時を感じる空間

沿岸沿いに延びる浦河国道沿いに、石づくりの看板が立っている。看板の背に太平洋が一面に広がり絶景を独り占めしているかのような立地にたたずむカフェ

瑠璃色の海と空を体で感じる

この広大な海を前に、興奮を抑えきれない空間がある。沿岸の高台に位置するこのカフェから見る光景に、遮るものは何もない。

海と空の青さの違いに感動し、果てしなく続く絶景に時の流れを忘れて茫然と佇む。やがて青い景色が真っ赤に変わるその時、一日の終わりの感動を覚える。このカフェを訪れる客は自然とともに一日を心に刻み込む。わざわざ立ち寄る価値のある、特別な時間を過ごせるカフェ。

海と地平線を堪能する幸せの時間

①1番人気のナポリタン。美味しさに加えこのボリューム（1,000円） ②地元の野菜を多く使った、サンドプレートサラダ付き（1,000円） ③札幌本店で独自にブレンドし焙煎した、ゆうやけブレンドコーヒー（550円）

地平線の彼方を思い描く自由空間

　果てしなく広がる太平洋が想像を絶する新冠町のカフェ。普段より太陽を眩しく感じ、空を青く感じ、海を広く感じ、緑を鮮やかに感じてしまう。この景色を店内から望めるカフェが、椿サロン夕焼け店だ。夕陽が沈むまでの限られた時間の中で、コーヒー、料理、そして空気を楽しみながらの癒しの時を過ごす。遠くも近くにも感じる地平線を眺めると、時間を忘れてしまうほどの心地よい空間がここにある。

椿サロン　夕焼け店

つばきサロン　ゆうやけてん

- ●住：新冠郡新冠町字大狩部77-1
- ●T：0146-47-6888
- ●休：年中無休
- ●P：18台（無料）
- ●席：30席（禁煙）
- ●営：11：00～日没まで
- ●アクセス：門別インターチェンジより車で約30分

カフェテラスから眺める絶景

緑と絶景のハーモニー

札幌市内から手稲山に向かって住宅街の中の坂を登り続けて来ると、札幌市街全体を見渡せるだけでなく、天気のいい日は石狩湾と日本海を垣間見ることができるカフェにたどり着く。中に入ると都会と森の両方が一面に広がる事に気分は高鳴り、店内に置かれたグランドピアノがどこか心を落ち着かせてくれる。そして独自のセリナブレンド珈琲とオリジナルの美味しい料理がさらに心の中に溶け

込んでくる。テラスに出て優しい風を感じると誰でも幸福感を味わえる、最高のシチュエーションが待っている。

①オリジナルのデミグラスソースが絶品のオムハヤシ（1,200円）②目の前に広がる札幌の街並みと藻岩山の眩しいくらいの緑 ③酸味が効いて深い味わいのセリナブレンドとレアチーズケーキのセット（1,000円）④森林を背に札幌の街を一望できる数少ないカフェ。2階のテラスから見ると横に素晴らしい緑が見え、正面には札幌の街並みと、少し贅沢を感じさせる風景が時を忘れさせてくれる

この景色を見ながら
美味しい珈琲を口にする
のが癖になりそう！

喫茶セリナ

きっさセリナ

●住：札幌市西区西野6条10丁目21-5
●T：011-668-6006
●休：不定休
●P：8台（無料）
●席：20席（4席喫煙／16席禁煙）
●営：10:30〜22:00
●アクセス：地下鉄東西線 宮の沢駅より車で約10分

UMICAFE MORICAFE
森café

札幌を一望できる最高のロケーション

神秘的な夜景への変化

藻岩山の中腹にあり、石狩平野の彼方の山々が見える絶景を、どの席に座っても一望できる貴重なカフェ。急な坂を登って来た苦労がこの景色を見た瞬間全てを忘れる事が出来る。夕日が街並みを赤く染め始めると、そこから煌びやかなストーリーが始まる。この物語は閉店の26時まで続く長いシンデレラストーリー。

プロが焙煎しネルドリップで入れた本格派珈琲は、クリアな味で一度飲むとファンになる客が多い。女性に大人気のチーズケーキはパティシエが北海道産の原材料にこだわり手作りしている。

①右を見ると山の頂上には平和記念塔がそびえ立つ ②この景色が一番の贅沢の一品と言っていい程の絶景 ③独自の焙煎珈琲と2種類のチーズを使ったコクのある絶品のケーキ。フレンチブレンド（1,296円）チーズケーキ（540円） ④お洒落なビルの3階にある隠れ家的カフェ。数少ない札幌市を一望できる立地にあり、昼間はもちろん、夜景の美しさを味わうこともできる

high grown café

ハイ グロウン カフェ

- ●住：札幌市中央区伏見3丁目15番地20 3F
- ●T：011-512-5522
- ●休：無休
- ●P：8台（無料）
- ●席：16席（喫煙可）
- ●営：15:00～26:00
- ●アクセス：地下鉄東西線 円山公園駅より車で約10分

UMICAFE MORICAFE
海cafe

線路が輝く瞬間に ロマンを求める空間

景色を楽しむ為に設計されたカウンターが、解放感一杯

神秘的な夕日がカフェを囲い込む

果てしなく続く日本海を見下ろすことのできる数少ないカフェがここ。崖の上にあるがゆえに見渡せる、この絶景。目の前には、終わりなき海の始まりともいえる恵比寿島。この2つの美景を同時に味わえるポイントは、このカフェしかないだろう。壮大な海の横には列車が走り、太陽が海に落ちる瞬間、この線路が一瞬赤い夕陽に照らされ、2本の光の線になるという。この一瞬の感動を求め、多くのファンが心ときめかせ、カフェタイムを過ごす。この海の舞台の主役はさまざまな演技で心踊らせる、光なのかもしれない。

窓から差し込む
穏やかな日差しを満喫

①広々した店内、テーブル席からもこの絶景を楽しめるため、4人連れの客にも大好評 ②濃厚な自家製ガトーショコラケーキプレートセット（830円） ③まるで目の前の恵比寿島に舞い降りるかのような虹

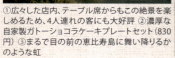

優しいコーヒーが心を癒す

札幌から小樽に向かうと、海が見え始めた時に右手におしゃれなカフェが現れる。カフェの下は断崖絶壁で駐車場から車を降りただけで、広大な海と小樽の街が目に入ってくる。店内の落ち着ける空間に加え、独自に焙煎された飲みやすいコーヒーや手作りのデザートが、幅広い年齢層の客に受け入れられている。ランチタイム、アフタヌーンタイム、サンセットタイム等、海の表情が変わる時間帯によって、メニューが変わる心遣いが伝わってくる。ここからでしか見えない絶景を求め、遠方からの人々が来店する、北海道を代表する絶景カフェ。

View Café

ビュー　カフェ

- 住：小樽市張碓町351番地
- T：0134-62-1239
- 休：火曜日（祝日の場合は水曜日）、
  水曜日（冬期間）
- P：15台（無料）
- 席：33席（20席喫煙／13席禁煙）
- 営：11：00～19：00
- アクセス：銭函インターチェンジより車で約10分
  JR銭函駅より車で約5分

UMICAFE MORICAFE
海cafe

この海から一人ひとりの物語が始まる

木々の向こう、海が広がる

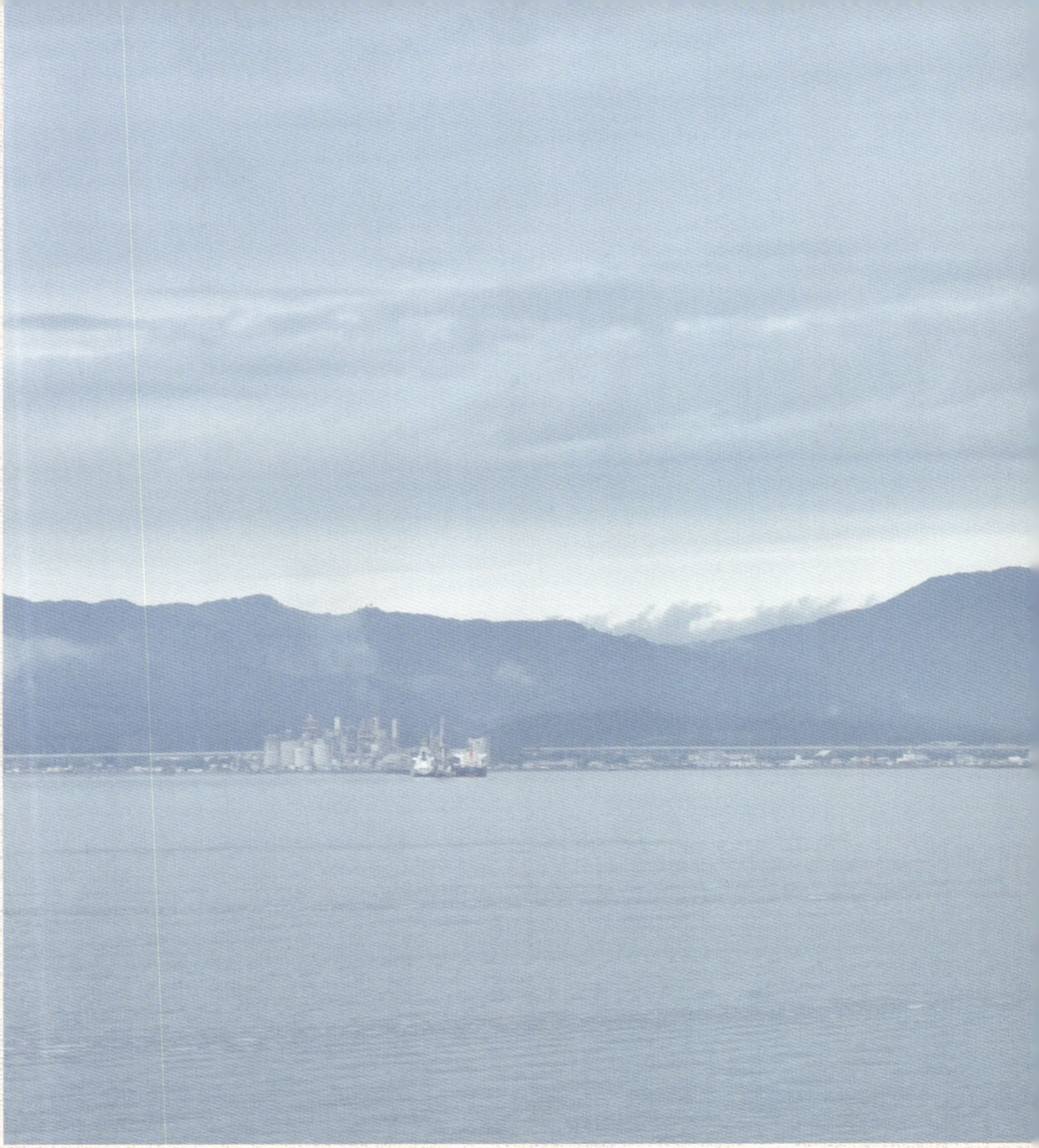

また新しい海の表情が見たくて

海霧に白く霞んで幻想的なときも、眩しい太陽を映して銀色に輝くときも、雨上がりに虹の橋が現れるときも、どの季節、どの瞬間として、同じ海はない。雄大な自然が目の前に繰り広げる、無言のドラマ。その温かなメッセージを、しっかりと受け止めてほしい。心にひっかかっていた小さな棘がするりと抜けて、いつの間にか清々しい自分に生まれ変わっていることに、気づくはずだ。唯一無二の、自分だけの物語をはじめるために、人はこの海に会いに来る。

この瞬間だけに会える奇跡の光景を記憶に残して

①店オリジナルのレシピで焼き上げた、ピロシキセット(950円)。ロシアンティーにはバラジャムを添えて ②前庭は童話の世界のよう ③季節の花が出迎えてくれる

函館で海カフェの代表格ともいえる店

外国人墓地の小道を下りていくと、突然、緑に囲まれた爽やかなカフェに出会う。「遠来のお客様には家で過ごすように、地元の方には旅行気分で、美しい光景を眺めながらのんびりしてほしい」というコンセプト。ひとたびこの海景色を見てしまったら、忘れられずに再訪する旅行客も多いとか。季節、天候、行き交う船。その時々で、海は表情を変える。夏には窓の正面に夕日が沈み、わずかな間に色を変えていく様が息をのむほど美しい。また、雨の合間には海にかかった虹のアーチを船がくぐり抜けることも。どんな光景に会えるのか楽しみに訪れてほしい。

カフェテリア モーリエ

カフェテリア　モーリエ

- ●住：函館市船見町23-1
- ●T：0138-22-4190
- ●休：月曜日、火曜日（1月～2月冬期休業）
- ●P：なし
- ●席：40席（禁煙）、テラス6席
- ●営：11：00～18：00（LO17：00）
- ●アクセス：パス停高龍寺前より徒歩約5分

墓地を抜けると、
別世界のように穏やかな
空気のカフェが現れるよ

木のぬくもりと日本海を望む自由時間

店内からも広大な青い海を眺める事ができるのも嬉しい

広大な海の青さと木々の緑の鮮やかさ

小樽に始まり稚内までの海岸を走る道「オロロンライン」。その中間にあり、ニシン漁で栄えた街増毛町。春の雪解けの時期は広大な原野と牧草地に残る残雪が白くまぶしく、夏は海の碧さ空の青さが日常を忘れさせてくれる。日本海の磯の香りが心地よいこの場所で自分だけの時間を味わえる貴重なカフェ。目に焼き付けたい日本海の絶景を、限りない時間とともに。

日本海を望む丘の上のログハウス

①ロースとバラ肉をサンドし、ジューシーに仕上げたカツが大人気の重ねカツカレー(1,050円)
②日本海をバックに癒しの雰囲気を感じる建物
③国道沿い(オロロンライン)のこの看板を上るとカフェがすぐ見える

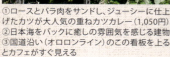

フィンランドの
木材や石材を
使用したログハウス

　人と人が繋がり合う小さな道のような店舗でありたいと願い、フィンランド語で「小さな道」の意味を表す「ポルク」と名付けられたカフェ。日本海を一望できる小高い丘の上に建てられたログハウス風な建物で、木の素朴さやぬくもりを感じる店内はゆっくりと過ぎる時間を味わいながらくつろげる癒しの場所。店主こだわりのメニューが多く、特に地元で獲れた魚介類を中心に盛り付けられた「シーフードカレー」（790円）は増毛観光に訪れた人達に人気のメニュー。自家焙煎にこだわったコーヒーでくつろぎ、ゆったりとした時間を過ごせる最高のカフェ。

喫茶ポルク

きっさポルク

●住：増毛郡増毛町見晴町1058-11
●Ｔ：0164-53-3485
●休：水曜日
●Ｐ：15台
●席：店内30席、テラス16席
●営：10：00～20：00
●アクセス：留萌駅より車で約20分（国道231号線沿い）

日本海の潮風を
感じながら心落ち着く
空間を味わえるよ

UMICAFE MORICAFE
森cafe

雄大な十勝岳連峰と美瑛の丘を望む

3000坪の庭園を春・夏・秋と楽しむことが出来る

四季によって変わる風景に芸術を感じる

美瑛と富良野の中間にあり深山峠の丘の上に位置するコテージ&レストランカフェ&ギャラリーピラミッド。ここから見る事ができるパノラマの風景に訪れるすべての人が圧巻され、まさに北海道を代表する絶景。時期になると目の前には果てしなく続くラベンダー畑、秋には紅葉そしてその向こう側には十勝連峰と旭岳連邦の山々が四季折々の美しい姿を見せる。

木の温もりと花畑に囲まれた本格的ログハウスのカフェレストラン

❶30種類のスパイスと豚肉、地元野菜を2日間煮込んだ「黒野菜カレー」(1,300円) ②木のやさしさを更に盛り上げる暖炉が心と体を温めてくれる ③ホップのアーケードを通り抜けるとそこには絶景が待っている

北海道庁認定「北のめぐみ愛食レストラン」

地元富良野の素材をふんだんに使ったカフェレストランは、「北のめぐみ愛食レストラン」に認定された料理を味わいたい客が後を絶たない。その秘密は料理を楽しみながら見える絶景とバス・トイレ付のコテージも併設されている充実さ。食事やティータイムはもちろんスローライフを満喫できる観光拠点としても最適の場所にある。木を基調とした本格的ログハウスの店内でゆったりとした時間を過ごすことのできるオアシス空間を体験できる数少ない店。併設地にはギャラリーピラミッド（風の丘大野勝彦美術館、中村謙写真館、貝殻美術・博物館）があり見所満載。

ウッディ・ライフ

ウッディ・ライフ

- ●住：空知郡上富良野町西9線北34号 深山峠、深山峠ラベンダーオーナー園隣
- ●Ｔ：0167-45-6810
- ●休：不定休
- ●Ｐ：30台
- ●席：30席
- ●営：11：00～15：00（LO14：30）
- ●アクセス：快速ラベンダー号 深山峠バス停前

UMICAFE MORICAFE 森café

一面に広がる緑の世界が北海道の魅力

澄んだ空気の中で新鮮な食材を味わえる最高の空間

オホーツク海にほど近い弟子屈町にある「９００草原」は総面積が１，４４０ヘクタールもあり、東京ドーム３００個以上が入ってしまう大きさの町営牧場。放牧地には約２，０００頭の牛が育まれており、のんびりとした風景に北海道らしさを感じる。

レストハウス、展望台、展望館が連なっており、この他にもＢＢＱハウスやパークゴルフ場も隣接。展望台からは

①北海道名物の「ジンギスカン定食」(1,100円)は一番人気のメニュー ②パノラマ絶景を眺めながら飲食を楽しめるバーベキューコーナー ③ここですくすく育った牛から生産された牛乳をつかったメニューも味わえる ④草原を楽しめる建物は横並びに並んでおり、ここの魅力がすべて詰まっている

牧場ならではの優雅な
風景の中でホッと一息

900草原

キュウマルマルそうげん

田園風景をはじめ、摩周岳や硫黄山、阿寒岳などの絶景を一望。レストハウスではジンギスカン定食やえぞしかバーガーのほか、名産「摩周そば」も味わうことができる。食事のあとはフレッシュな牛乳をたっぷり使ったソフトクリームが濃厚でおいしいと大人気。

- ●住:川上郡弟子屈町字鐺別
- ●T:015-482-5009
- ●休:11月～3月
- ●P:乗用車108台、大型バス20台(各無料)
- ●席:店内56席、テラス96席
- ●営:10:30～15:30
- ●アクセス:JR釧網本線摩周駅より車で約15分、女満別空港より国道243号線経由で車で約1時間15分

羊蹄山の風景と湧水が心をときめかせる

緑の中に漂う香ばしい空気

羊蹄山を背に喜茂別市内から車で走ること約15分、広大な山々の緑が続く中で、オレンジ色をした建物がひと際目立つ。そこは一見カフェには見えない外観だが、中に入るとすぐに、コーヒーとパンの香りが漂う。窓から外の景色を見るとそこには「蝦夷富士」とも呼ばれる羊蹄山をゆっくりと望むことが出来、店内にて羊蹄山の湧水を使い、ダブル焙煎で淹れられたコーヒーを飲むと、少しの間、時間が止

まったような錯覚を覚える。自家製のパンも好評で遠く離れた地域からも自家製の石窯で焼いたこのパンを求め多くの客が訪れる。

①この景色と珈琲とパンを求め毎日多くの客が来店する ②店内横にある自家焙煎機。この機械と湧水によって美味しいコーヒーが淹れられる ③ダブル焙煎のコーヒー（380円）と自家製酵母で作られたクロワッサン（1個160円） ④なかなか分かりにくいのだが、オレンジ色を頼りに走れば必ずたどりつく穴場。焙煎中は外にもコーヒーの良い香りが漂う

ソーケシュ製パン×トモエコーヒー

ソーケシュせいパン×トモエコーヒー

- ●住：虻田郡喜茂別町字中里185-1
- ●Ｔ：0136-33-6688
- ●休：火曜日、水曜日、木曜日
- ●Ｐ：10台（無料）
- ●席：12席（禁煙）
- ●営：10:00～17:00
- ●アクセス：喜茂別町中心部より車で約15分

UMICAFE MORICAFE
森café

緑豊かな自然林で幸せな時間を満喫

森林の香りに時を感じる

緑に囲まれた白い建物が新鮮さを感じさせる空間に、森林の香りとジェラートの甘い香りが心を和ませる。テラスは森の奥にいるかのような静けさを感じ、そこで飲む珈琲は格別。振るとバターになるという地元小林牧場牛乳も大人気商品の一つ。姉妹店のＳＡＬＵ　ＳＡＬＬＵＺＡが東京に依頼して焙煎しているコーヒー「サルサブレンド」は森林の香りをより一層心地いい香りに変えてくれる。店内には道産小麦にこだわったクッキーも販売しており、客が途絶えることはない。

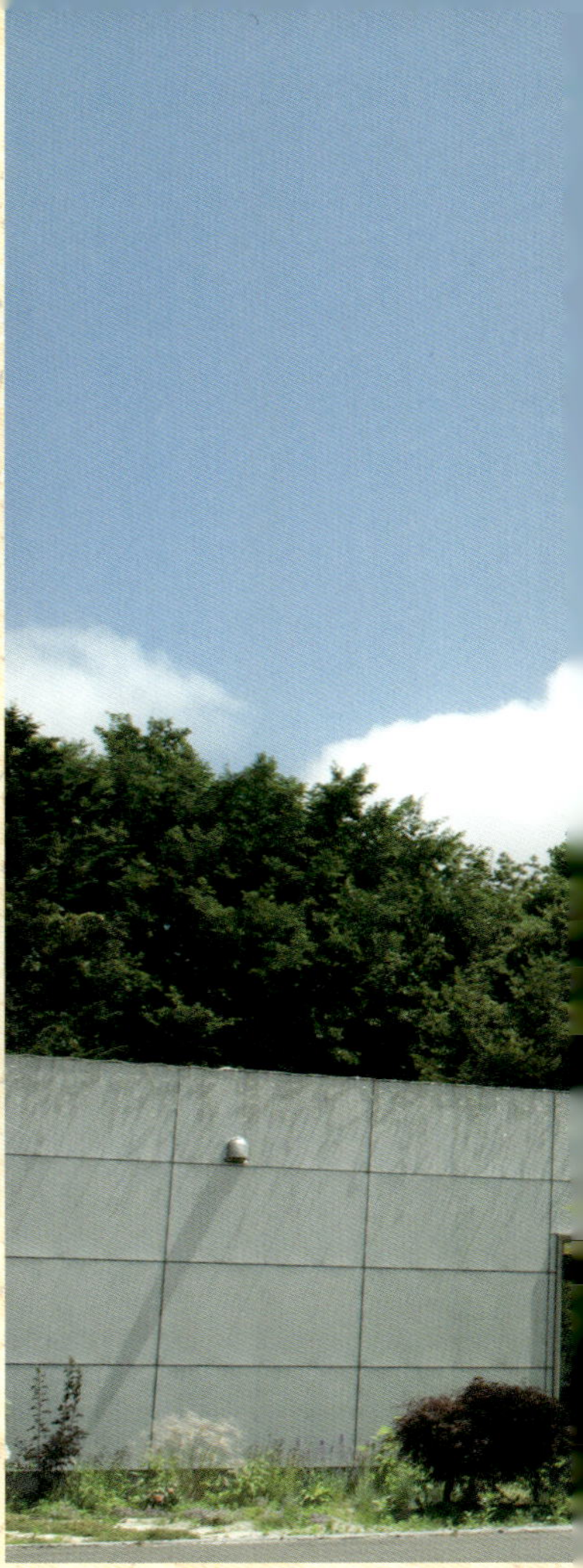

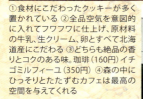

①食材にこだわったクッキーが多く置かれている ②全品空気を意図的に入れてフワフワに仕上げ、原材料の牛乳、生クリーム、卵とすべて北海道産にこだわる ③どちらも絶品の香りとコクのある味。珈琲（160円）イチゴミルフィーユ（350円） ④森の中にひっそりとたたずむカフェは最高の空間を与えてくれる

ARTLACZÉ

アルトラーチェ

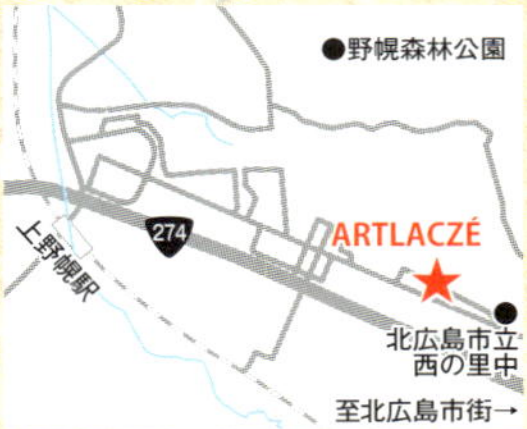

●住：北広島市西の里798-5 Farm SALLUZA
●T：011-374-3636
●休：月曜日、火曜日
●P：38台（無料）
●席：26席（禁煙）
●営：11:00～18:00
●アクセス：JR上野幌駅より車で約5分

UMICAFE MORICAFE
森cafe

昭和新山の麓に広がる緑の空間

窓から差し込む優しい日差し

昭和新山への道を登ってすぐ、ドイツをイメージさせるお洒落な建物が目につく。そこは東丸山、昭和新山の麓にあり様々な樹木と果樹に囲まれた聖地のようだ。昭和新山を右手に左を見れば洞爺湖が広がり、立ち並んだ樹木の隙間から中島を垣間見ることが出来る。中に入るとドイツのカフェを思わせるシックな雰囲気で、昭和52年有珠山噴火の翌年にオープンし、今年で開業42年の歴史を店内に感じ

る。燻煙器を使って作り続けてきた自家製ソーセージは観光客だけでなく、地元にも根強いファンを持っている。

①根強いファンを持つ歴史ある自家製ソーセージ（単品1,300円）パン、ミニサラダ、ドリンクが付いたセット（1,620円） ②水にもこだわったコーヒー（500円）は ③お店の周囲には花が多数 ④森の中に欧米を思わせる建物。横に昭和新山、洞爺湖、後ろに東丸山と、水と森に囲ませた贅沢な場所

バイエルン

バイエルン

- 住：有珠郡壮瞥町壮瞥温泉101
- Ｔ：0142-75-4088
- 休：水曜日
- Ｐ：10台（無料）
- 席：30席（禁煙）
- 営：4月〜10月 10:30〜19:30／11月〜3月 10:30〜16:00
- アクセス：伊達インターを下りてから車で約20分
  洞爺湖温泉街より車で約10分

民家の中に佇む癒しのスポット

静かな空間に心休まるカフェ

小樽屈指の急な坂道「船見坂」を登り切った住宅街の一角に、このカフェがある。正面はきれいなレンガ調の造りに、ガラスで囲まれた入口。まるで高級住宅を思わせる品の良い外観。店内も高級感あふれる静かで、品のある雰囲気。ゆっくりとコーヒーを飲みながら、窓から見える小樽の街並みと、果てしなく広がる海、ゆっくりと進むフェリーを眺めることができる。この空間だけ時が進むのが遅いと感

①落ち着いた雰囲気に心休まる音楽。2階にはパッチワークのギャラリーとアトリエ ②高級住宅街の中でも、一際格調高い外観 ③自分好みの味を丁寧に入れてくれる、オリジナルブレンドコーヒー（430円） ④外見は普通の民家のようで、小さな看板しか出ていないので、知らないと見落としそうですが、店内はセンス良く居心地の良い空間が広がる

cafe FLEUR

カフェ フルール

●住：小樽市富岡2-16-3
●T：0134-31-3778
●休：水曜日
●P：4台（無料）
●席：16席（喫煙可）
●営：10：30～18：30
●アクセス：JR小樽駅より車で約10分

じるくらい居心地がいい。まごころ溢れる店主の配慮が身にしみる「癒しカフェ」である。

UMICAFE MORICAFE
海cafe

輝く海面に大自然の奥深さを感じる

白い建物に青い入口が特徴。海と白く輝く海面のようだ

空のドライブに憧れを感じる

空や海、森や大地、その絶景を一度に臨める場所。断崖、絶壁特有の巻き上げる風を利用し、パラグライダーがゆっくりと空のドライブを楽しんでいる光景に、心酔いしれながら眺められる空間。左手には積丹半島、右手には暑寒別岳を含む山々が、鮮やかな青い海の石狩湾を取り囲む。眩しい太陽の日差しが、青い海を真っ白に輝やかせ、遥か彼方の水平線までの道のりを示してくれているようだ。そして大地の緑がこの青さと、白い輝きを引き立たせてくれる。

広大な大地から
パノラマの日本海を望むカフェ

①シックな店内に入り込む日差しに和みを感じる ②2階はキルトショップも兼ねていておしゃれで手作りの洋服や雑貨がいっぱい ③原産地と生産者が分かるスペシャリティーコーヒー（450円）

静かな雰囲気を満喫する空間

高台に位置するこの場所は、小さな看板だけが頼り。国道から坂を登り続けてたどり着くそこは、まさしく絶景の宝庫。通常なら3階に位置するカウンターは、大地と海のコラボレーションを眼下に見渡せる。落ち着いた雰囲気にこだわる優しさを実感し、時が経つのを忘れるほど身体がゆったり感を味わっているのが分かる。オーナーご夫妻はゆっくり、ゆったりが最高のひとときを引き出してくれると信じ、長年この絶景カフェを守り続けている。

リセンヌ

リセンヌ

- ●住:石狩市厚田区望来388-159
- ●T:0133-77-2717
- ●休:月曜日、火曜日(祝日の場合は営業)
- ●P:8台(無料)
- ●席:20席(5席喫煙可/15席禁煙)
- ●営:10:00〜夕日が沈むまで(4月1日〜10月31日まで)
- ●アクセス:札幌市中心部より車で約1時間
  地下鉄麻生駅より車で約40分

時間がゆっくりと
すすむ空間を楽しんで
くださいネ

UMICAFE MORICAFE
海cafe

潮の香りと風を全身で堪能する空間

和と欧州の融合を実現したカフェ

きらびやかな海、それが一望に広がる。左を見ると小樽の街とその向こうには積丹半島が見え、右には暑寒別連山が鮮やかに連ね、石狩湾をパノラマで見渡せる貴重なカフェは元オリンピックスキー選手の平澤 岳さんが欧州遠征を重ねた経験を元にイメージし、スペシャリティーコーヒーを始め、色々な料理にもこだわりを垣間見る。そんなカフェから見える絶景は、さまざまな時間帯によって表情を

①選べるブランチプレートに、バタートースト、カプレーゼ、オムレツ、ベーコン、サラダをチョイス（コーヒー付で1,000円）②ラテアートされた濃厚な味わいが人気のしろくまラテ（写真はラージサイズで450円）③ヨーロッパ転戦時に食べていたデザート「カイザーシュマーレン」はここでしか味わえないオーストリアの味（1,000円）④JR銭函駅の真正面に位置し、ブルーのオーニングと白い外観が、海外リゾート地を思わせる。入口から少しだけ垣間見る広大な日本海に、期待を膨らませて入ってくるカップルも少なくない

テラスのエアーソファーで
更にゆったり過ごしてみてね♪

shirokuma Coffee しろくまコーヒー

シロクマ　コーヒー

- ●住：小樽市銭函2丁目1-7
- ●T：0134-64-9589
- ●休：木曜日
- ●P：3台（無料）
- ●席：27席
- ●営：11：00～18：00（10月～3月）
  11：00～19：00（4月～9月）
- ●アクセス：JR銭函駅より徒歩約1分

変え、ゆったりとくつろげるカフェの雰囲気をさらに盛り上げる。天気の良い日は、目の前に広がる日本海を楽しめるテラスで、ゆったりとした時間を堪能できる。

UMICAFE MORICAFE

06 | 海カフェ | いぶし屋

四季折々で変化する海を眺める癒しのカフェ

丸い地球を実感できるシチュエーション

太平洋沿岸に建つこの店は広大な海を一望できる数少ないカフェレストラン。夏の真っ青な光景から、冬の荒々しい波しぶきを目の前で感じることができる。虎杖浜には温泉も多数あり、お湯で体を癒した後はこの風景で心を癒すことができる。このカフェはスープカレーが好評で、特に地元の白老牛や野菜をふんだんに使ったものが人気。カウンター席から眺める海を堪能しながら、美味しいコーヒーと食事を

①地元で穫れた野菜たっぷりのスープカレー（1,080円）はライスかナンを選べるのも嬉しい ②木を基調とした落ち着いた雰囲気の店内に加え、ゆったりとしたテーブル席が心を落ち着かせてくれる ③手を伸ばせば届きそうなほど、間近に波しぶきを感じる ④広大な太平洋の地平線が、丸みを帯びているのがわかるくらい海が一望できる。国道を走っていると多数ののぼりが並び目印に

海は人の心を癒してくれます。
広い店内からゆっくりと
楽しんでください

口にすることが贅沢に思えてくる。店長を始めスタッフ全員が笑顔で迎えてくれるのも、人気の一つに思える。

いぶし屋

いぶしや

●住：白老郡白老町字竹浦116-11
●T：0144-87-6655
●休：毎週水曜日、第1・第3火曜日
●P：15台（無料）
●席：45席（禁煙）
●営：昼11：30〜15：00／夜16：00〜20：00
●アクセス：白老インターチェンジより車で約15分

UMICAFE MORICAFE
海cafe

日本遺産認定の街で歴史を感じる

ニシン漁と北前船貿易で栄えた港町

日本海に面し江戸の頃からニシン漁と北前船貿易で栄えた港町。江差町や開陽丸のお土産を多数販売しており、シーズンになると農家直送の新鮮野菜も並ぶ店内。幕末期に函館戦争で活躍した開陽丸が復元・再現されており資料館も人気で、江差の観光スポットになっている。江差といえば日本海に面するニシン漁の町。代表するニシンそばは長年一番人気を誇る歴史あるメニューで、歴史を間近に感じながら

①ニシンで栄えた街の代表的なメニューニシンそば（700円）②すぐ横には厳島神社の鳥居と瓶子岩 ③徳川家最後の軍艦として活躍した「開陽丸」④建物の形がオランダ風になっている特徴的な形をした施設

えさし海の駅「開陽丸」 ぷらっと江差

えさしうみのえき「かいようまる」 ぷらっとえさし

食を楽しむのも良し、コーヒーを飲みながら施設内に飾ってある歴史を物語る資料を見るも良しの見どころ満載の海の駅「開陽丸」。

- ●住：桧山郡江差町字姥神町1-10
- ●T：0139-52-1377
- ●休：無休（4月～10月）、月曜日（11月～3月）
- ●P：130台
- ●席：20席
- ●営：9：00～17：00（飲食コーナー11：00～16：00）
- ●アクセス：江差町役場より車で約5分

異国情緒漂うベイサイドで優雅なひととき

函館港に面したダイニングレストラン。食事だけでなくカフェとしても気軽に利月できる

キャビンにいるような心地良さ

赤レンガ倉庫や和洋折衷の建物が立ち並び、レトロで異国情緒が漂う函館の港。店のすぐ横には、「北海道第一歩の地碑」という白いクマと錨をモチーフにした記念碑。ここが北海道の門だった証しだ。明治の昔から、多くの人がこの地を訪れては、まだ見ぬ街への期待に胸を躍らせたことだろう。そんな旅人たちを温かく迎える、やすらかな空気。青と白のコントラストが美しい、穏やかに凪ぐ海は、訪れる者を包み込むように寛ぎを与えてくれる。

爽やかな風が吹き抜ける水上テラスは最高の場所

①迎えてくれるのは、つぶらな瞳の「しろくまくん」 ②食後のお楽しみは、彩り華やかなデザートで締めたい「シェフ特製 デザート盛り合わせ」（950円） ③ディナータイムのワインのお供に、函館産の魚介を贅沢に使った「海の幸のサラダ」（1,350円）

洗練されたお洒落なカフェダイニング

函館観光の中心地・ベイエリアに位置するダイニングは、2012年にオープン。その名の通り、大きな剥製のシロクマが入口で出迎えている。店の窓から、目の前の海に浮かぶヨットや緑の島を眺めることができ、アーバンリゾート気分に誘われる。

5月ごろから天気の良い日に開放されるテラス席では、爽やかな海風に吹かれながら食事ができる。店の持つ雰囲気の良さもさることながら、色鮮やかでボリュームのあるランチメニューは、味にうるさい地元客にも人気。また、ディナータイムには煌めく夜景をバックに、ワインにぴったりの料理を堪能してみては。

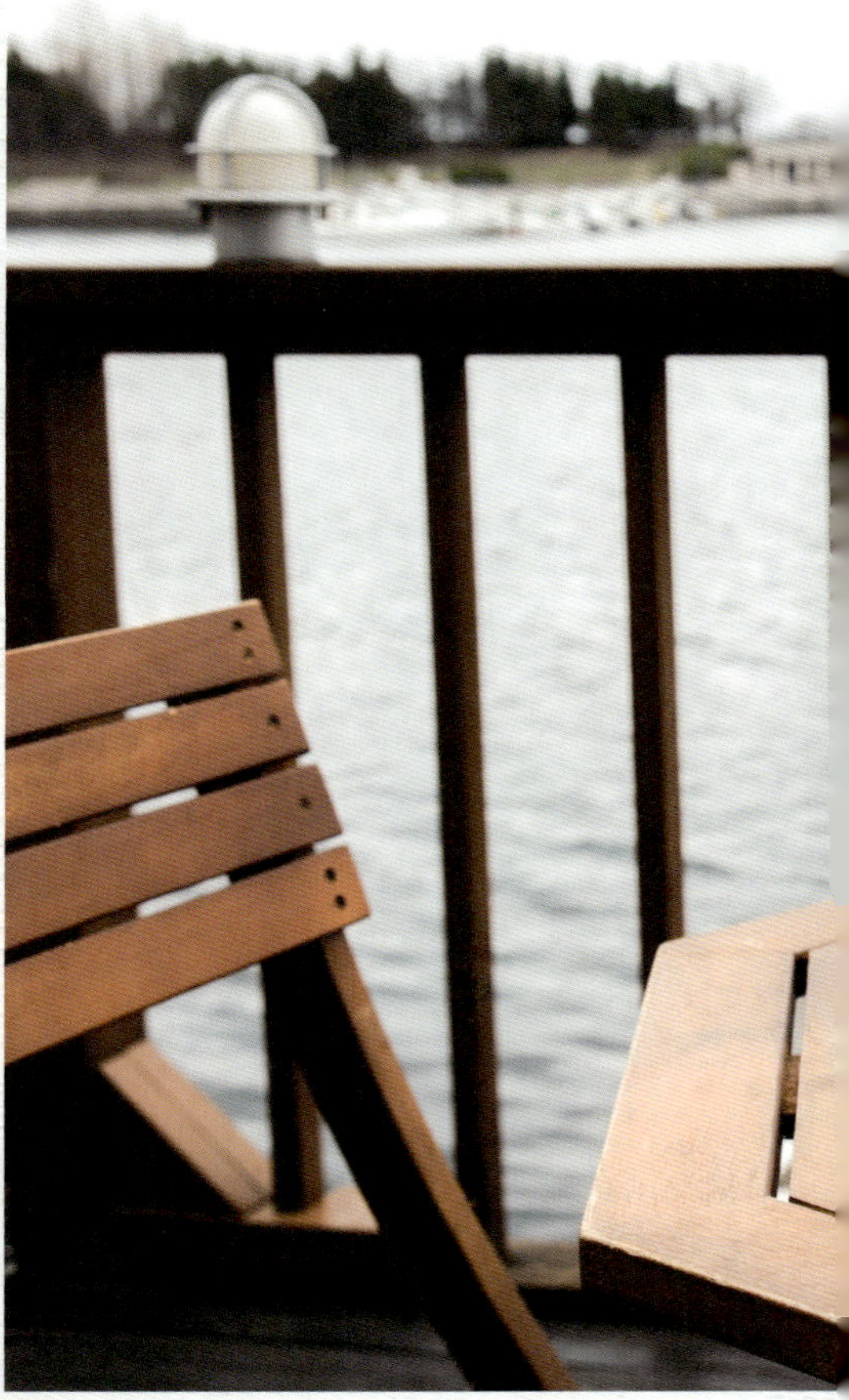

海のダイニング shirokuma

うみのダイニング シロクマ

●住：函館市末広町24-23
●T：0138-76-9650
●休：木曜日
●P：8台（無料）
●席：40席、テラス席あり
●営：11:30〜14:00（LO）／17:30〜21:30（LO）
14:00〜16:00はカフェタイム
●アクセス：市電末広町より徒歩約1分

ボリューム満点の「ランチプレート」（1,200円）は地元市民にも人気だよ！

UMICAFE MORICAFE
海cafe

本当は内緒にしておきたい宝物のような海の光景

海辺の住宅街に、隠れ家のように佇む

ひとりで、あるいは大切な人と

海の見える店を探していて、「出会ってしまった」と店主は言う。自分が求めていた大切な風景を、人と分かち合えるしあわせ。だから先を急ぐような旅には、この場所はもったいない。薫り高い珈琲の湯気も、のびやかに広がる景色も、本当に価値のわかる人にだけそっと教えたい。

FLOAT＝浮くという店名は、「ここを訪れた人の心が、ふうっと浮き上がるように」との願いをこめてつけられたもの。一日の最後には、きっと海の広さと共に深い珈琲の味を思い出す。

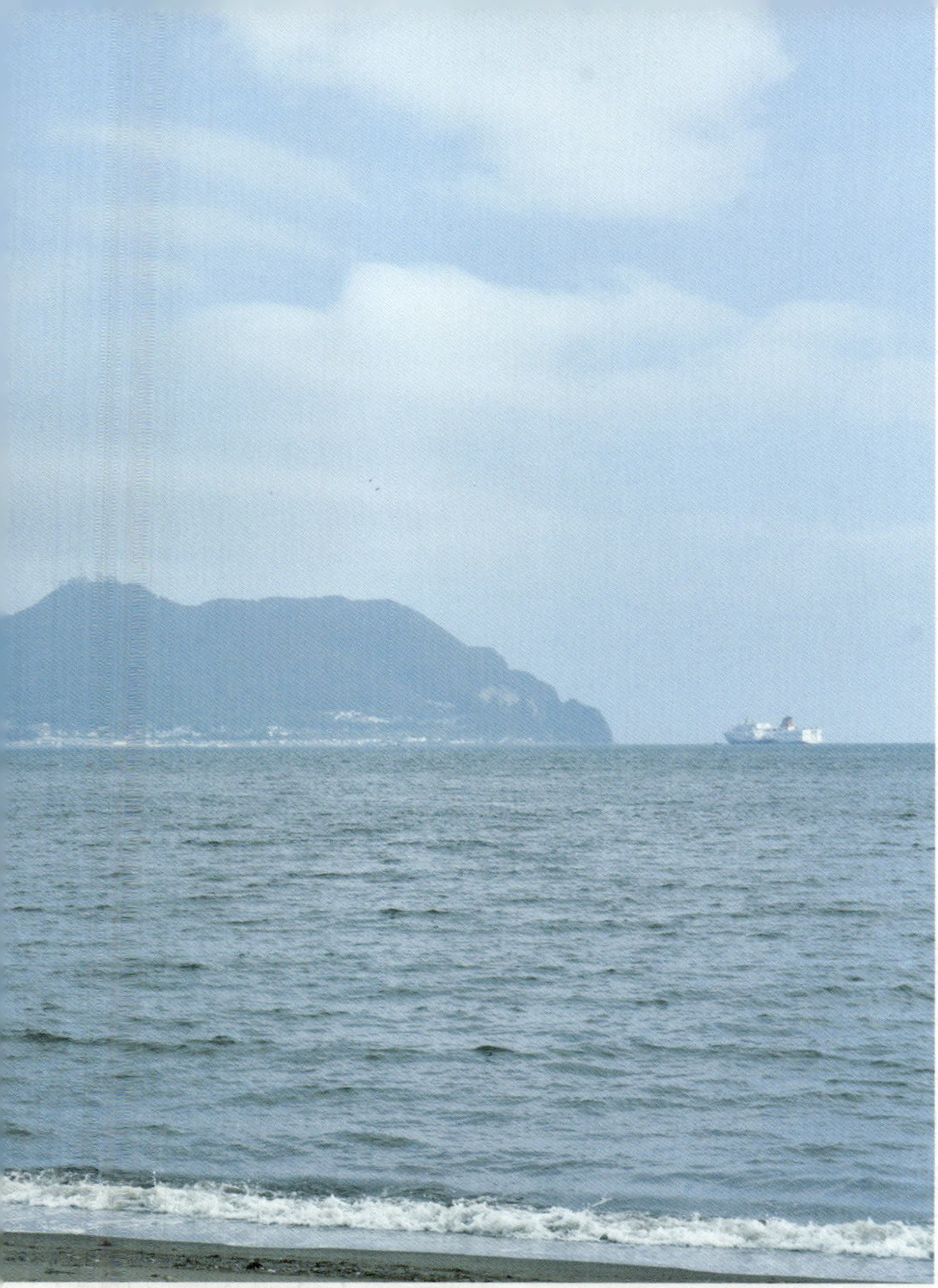

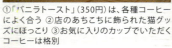

窓越しの波の音が日常を忘れさせてくれる

①「バニラトースト」(350円)は、各種コーヒーによく合う ②店のあちこちに飾られた猫グッズにほっこり ③お気に入りのカップでいただくコーヒーは格別

函館湾を一望しながら
本格的な珈琲が楽しめる

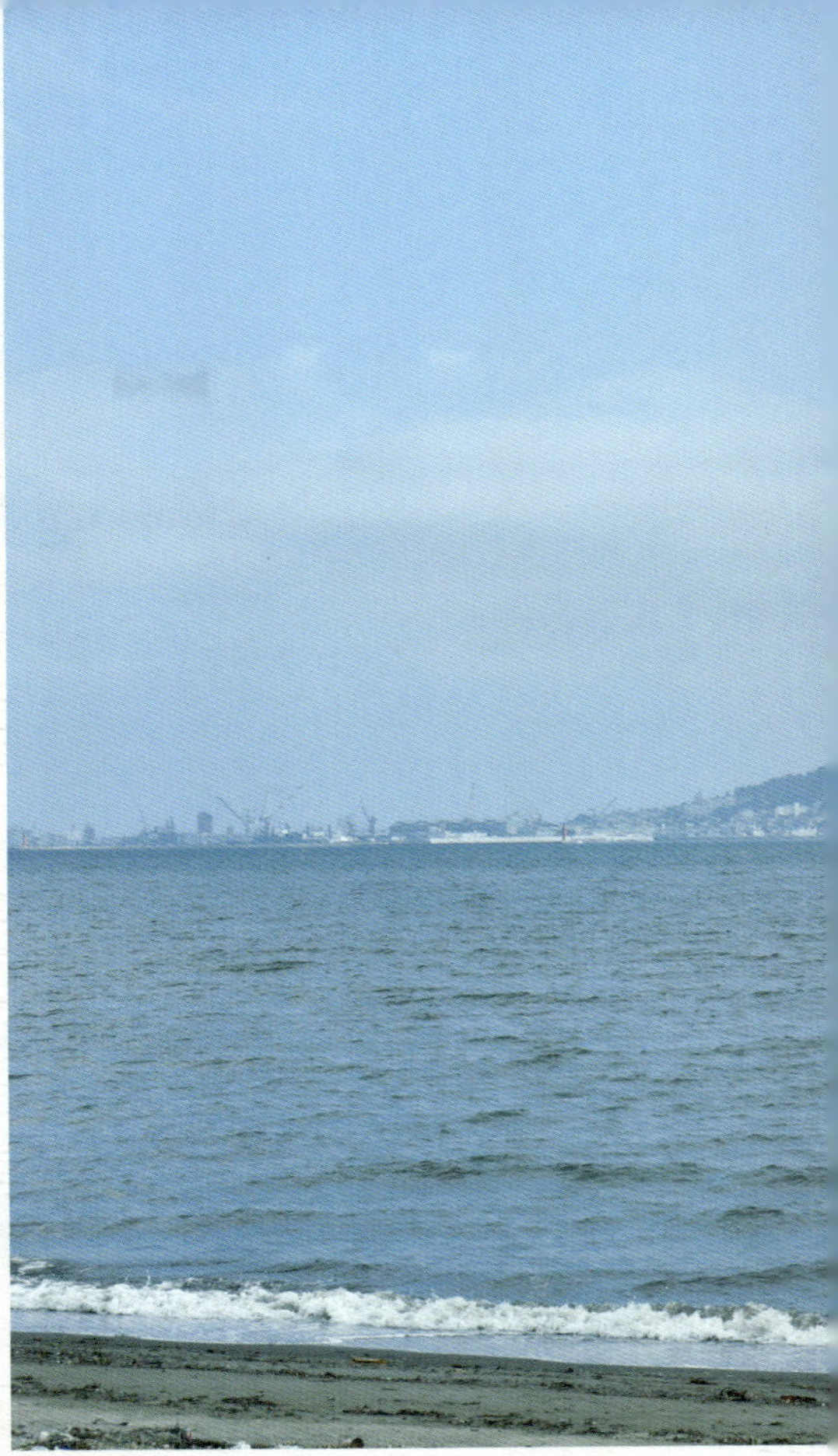

コーヒーカップのロゴを目印に建物の2階へ。ドアを開けると、ブルーの壁でお洒落な寛ぎの空間が広がる。「目の前の海とつながるようにと、こだわった色です」と店主の葛見さんは微笑む。いつかは自分の店を、と札幌の珈琲店で修業。海沿いの理想の場所を探して、ここにたどり着いた。さえぎるものなく海を正面に、函館山、五稜郭タワーまで見渡せる。「冬景色もおすすめ。波打ち際まで雪で真っ白になって、とてもきれいです」。丁寧にネルドリップで淹れる珈琲を片手に、急がず、じっくりと。ここからの眺めも、薫りも、味わい尽くしてほしい。

Coffee Room FLOAT

コーヒールーム フロート

- ●住：北斗市東浜1-11-13 2F
- ●T：0138-76-7889
- ●休：日曜日・祝日（不定休あり）
- ●P：4台
- ●席：13席（禁煙）
- ●営：11:00～17:00（LO16:15）
  ※早仕舞の場合あり（ブログにて発信）
- ●アクセス：JR東久根別駅より徒歩約8分

珈琲は札幌の森彦のものを使用。厳選されたメニューにカフェ通も納得！

UMICAFE MORICAFE
海cafe

青く澄んだ神秘の海は豊かに語りかける

海の家のような開放感

奇岩がそびえる不思議な海辺

岩肌も荒々しい奇岩がいたるところに点在する、小谷石地区の海岸。この辺りには手つかずの自然が、時には厳しく、時には優しく見る者の心に語りかけてくるようだ。

濁りのない美しさに、「こんな場所があったなんて」と、訪れる人々は驚きを隠せない。遠い昔、義経が放った伝説の矢からその名がついたという矢越海岸。豊潤な海の透き通った青さを前に、つかの間、日常を忘れて自分を見つめ直す。そんな大切な時間が、ここでなら叶うだろう。

海を渡る蝶のように 潮風と遊ぶ午後のひととき

①「本日のケーキ」（550円）。蝶とSawaの文字が躍る ②可愛くあしらわれたディスプレイ ③アイスとレアチーズ、クッキーが層に。「ブルーベリーレアチーズパフェ」（680円）

矢越ブルーと呼ばれる海の碧

道南の「青の洞窟」があることで知られている矢越海岸沿い。時には、窓からイルカが跳ねる水飛沫が見える。

2014年7月にオープンした「爽」は、SNSから口コミが広がり、人気の店となっている。「この店目当てに、遠方のお客様にも来て頂けるようになりたい」と、店主の仁尾さん。子供のころから好きだったケーキ作りを独学で追求し、おいしさと見た目の美しさ、両方にこだわる。カフェ閉店後には「ア・クィーノ」というブランド名で、ケーキのオーダー販売も。海の碧さを楽しみながら、ここだけのスイーツを味わってみては?

海峡の茶処 爽

かいきょうのちゃどころ さわ

531
海峡の茶処 爽
小谷石漁港

- 住:上磯郡知内町小谷石39
- T:080-6068-8261
- 休:月曜日(12月~3月末まで冬期休業)
- P:4台(無料)
- 席:11席(分煙有)
- 営:10:00~15:00
- アクセス:JR木古内駅より車で約30分

晴れた日には、パラソルの
下で自慢のパフェや
ケーキを召しあがれ!

UMICAFE MORICAFE
海cafe

ガラス越しに増す透明感 空と海の境界線

空に映える赤褐色の壁がお洒落

スタイリッシュなブルーの眺めは格別

くっきりと浮かび上がる、空と海の境界線。そして、海をなぞるようにはるか遠くまで続く函館の街並みは、緩いカーブを描いて緻密に計算されたどんなデザインよりも、美しい。

砂浜の流木に止まって、のんびりと翼を休める海鳥たち。時間を気にせず、こうして穏やかな波のゆらめきを見つめていると、自分も風景の一部になったように感じられる。ひとり静かに、海に思いを馳せる時間は、どんな贅沢にも代えがたいものだろう。

悠々とカモメが飛びゆく空と一面に広がる海の青

①「デザートの盛り合わせ&ドリンク」(1,000円〜)。パティシエ特製のデザートが好評 ②様々なデザインのカップが並んでいる ③カウンターに腰かけて、大人のカフェ時間

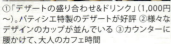

函館山のふもとから 津軽海峡を見渡す

港町函館の中でも、津軽海峡に面した大森浜沿いにあるラミネール。店の周囲は住宅が多く、「静かにのんびりと海を眺めて過ごしたい」という人にはおすすめの場所。すぐ近くに函館山と住吉漁港。そして、ぐるりと湯川温泉まで弧を描くように景色が続く。大きく広い窓から見ると海までの距離が近く、室内に居ることを忘れそうだ。晴れた日に限ってテラス席が用意されるが、この席ではペットの同伴OKなので、愛犬と旅行を楽しみたい人にはうれしい。ドリンクメニューが充実しているので、どこまでも続く大海原を眺めながらアルコールで乾杯しても。

Cafe LAMINAIRE

カフェ ラミネール

●住：函館市宝来町14-31
●T：0138-27-2277
●休：無休（6月～11月、水曜日はスイーツメイン）
水曜日（12月～5月）
●P：10台
●席：26席、テラス4席（喫煙可）
●営：11：00～18：00
●アクセス：市電宝来町より徒歩約5分

静かなカフェは、海に面した大きな窓が魅力。ドリンクメニューが充実してるよ

UMICAFE MORICAFE
海cafe

丘の上から見る海と山がカフェタイムを彩る

景色と音楽が心をときめかせる空間

新冠町の沿岸から丘を登っていくとそこには牧場が一面に広がる景色を見渡せるところに木と花に囲まれたカフェがある。店の庭では季節の花が咲き誇り、店の前からは太平洋の海を見下ろし、その向こうには北海道を代表する名山が立ち並ぶ、丘の上ならではの絶景。店内はシックな雰囲気でジャズの名曲の数々が心を落ち着かせてくれる。7カ国にも及ぶ産地の豆を使い、自家焙煎で注がれたコーヒーと地

①こだわりの自家焙煎はまろやかな味を楽しませてくれる自家焙煎コーヒー（400円）、手作りチーズケーキ（300円） ②経営をしているオーナー夫妻が、一番大事にしているポリシー、それは一期一会 ③自家焙煎した豆を求めて、地元の人が買い求めにくるほどの美味しさ ④浦河国道にある看板を目印に走るとたどり着ける。丘の上からの絶景と広大な牧場が心に残る風景。庭に咲く花も見どころの一つ

丘の上で感じる風と
店内のジャズで心を
癒してください♪

JAZZ&カフェ 茶菓いっ風

ジャズアンドカフェ ちゃかいっぷう

- 住：新冠郡新冠町大狩部581-12
- T：0146-47-6767
- 休：毎週水曜日、木曜日（臨時休業有）
- P：5台（無料）
- 席：15席（テラス4席喫煙）
- 営：10:00〜18:00
- アクセス：国道235号線厚賀町より車で約10分

元の牧場から入手している牛乳を使った手づくりチーズケーキは雰囲気を更に盛り上げてくれる。のどかな風景と心落ち着く音楽をこだわりぬいた珈琲でくつろぐことが出来るカフェ。

UMICAFE MORICAFE
森café

手つかずの大自然の恵みを感じる十勝平野

澄んだ空気と野鳥のさえずりに癒される

士幌高原ヌプカの里は大雪山国立公園内でありながら、気軽に大自然に触れ合える標高600mの高原に広がるリゾートや天然のプラネタリウムといわれる星空を体験できる。

　手つかずの自然を間近に感じることのできる癒しの空間が広がり、日常の生活では味わうことのできない贅沢で有意義なプライベートタイムを体験できる。地元名産の士幌牛は士幌町の新鮮な空気と水で健康に育ったホル

①地元名産の士幌牛がふんだんにのった「士幌牛丼」(830円) ②果てしなく広がる十勝平野を望む風景は北海道そのもの ③ロッジ内には地元にちなんだお土産の直売所とレストランも完備 ④展望台も完備したロッジからは緑の絨毯と呼ばれる風景が望める

永遠に広がる十勝の
大自然を楽しめます

士幌高原ヌプカの里

しほろこうげんヌプカのさと

●住：河東郡士幌町字上音更21-173
●T：01564-5-4274
●休：火曜日（12月〜3月冬期休業）
（祝日、4月29日〜5月5日、
7月第3週〜8月は無休）
●P：普通車50台、大型車2台
●席：55席
●営：10:00〜16:00
●アクセス：士幌市街地より車で約20分

スタイン牛で、脂肪が少なくて柔らかい赤身が自慢。この貴重な肉を使った豊富なメニューをロッジや焼肉ハウスで味わうことができる。果てしなく広がる十勝の大自然を眺めながらゆったりと過ごす時間は最高の贅沢。

UMICAFE MORICAFE
海cafe

湖上の幻想風景で至福の時間を過ごす

貸しボートから天然釣り堀まで揃えているこの施設は家族連れからカップルまで楽しめる

湖に映る山々に心高鳴る

水質日本一を誇る支笏湖。目の前にそびえ立つ、風不死岳が噴火したことにより出来た湖で屈斜路湖に次いで日本で2番目に大きいカルデラ湖である。透明度も日本の湖の中でトップクラスで透き通るような水が一面に広がる。湖を取り囲む山々がくっきりと湖面に映し出され、その中には支笏三山の山々もはっきりと望む事ができる。この景色を独り占めするかのように、湖畔に建つカフェが支笏湖観光センターだ。大自然を堪能できる様々なアトラクションも体験でき、幅広い客層に親しまれている。

大自然に囲まれた清流 支笏湖の恵みを感じる

①店内のテーブルから湖を一望することができ、解放感満載 ②塩焼きと骨なしのフライのどちらも味わえる人気NO1商品。ホロピナイセット（1,230円） ③手漕ぎボートやモーター付きボート（釣り専用）、スワンボートまで幅広い種類の船で湖を楽しむことができる

非日常を感じる楽しみが詰まったスポット

湖の北側に位置するこのカフェは支笏湖名物チップ(ヒメマス)を釣るアトラクションを用意している。天然釣り堀からトローリングに至るまで、6月～8月までしか許されていないチップ釣りを体験でき、そのチップをカフェで食べる事ができる。

広々としたテラスは60席を完備しており、目の前に広がる湖や、取り囲む山々をパノラマで味わう事ができる開放的な空間。

支笏湖観光センター

しこつこかんこうセンター

●住:千歳市幌美内番外地
●T:0123-25-2041
●休:無休
●P:約100台(無料)
●席:96席(禁煙)
●営:10:00～18:00(LO17:30)
(4月～11月まで営業)
●アクセス:新千歳空港より車で約50分、
支笏湖温泉街より車で約10分

UMICAFE MORICAFE
海cafe

樹木から垣間見る湖に涼を感じる空間

湖の青さが緑を引き立たせる

湖畔に位置するこのカフェは、洞爺湖と昭和新山を同時に眺める事ができる絶景ポイントの一つだ。湖にはボートで楽しむ家族連れやカップルが、のんびりくつろいでいて、見ている方も穏やかな心に変わっていく。天気の良い日には、真ん中の中島の向こうに羊蹄山を望む事ができる。明るい雰囲気の店内はテーブル席が多く、家族連れやカップルの姿も多い。この地で生まれ育った店主だけに洞爺湖付近の見どころに詳しく、立ち寄った人にアドバイスしてくれるのも嬉しい。

①こだわりの香油を使った中華焼きそば（860円）は大好評 ②湖に面しているきれいな建物。駐車場も広く、気軽に入りやすい ③6人が座れる家族用の席も用意してあり、大きな窓から見る景色が地元から観光客まで愛されている ④建物の前に立つだけで山と湖の両方が視界に入る。店内の席に座ると目の前には木々の合間から洞爺湖が見え、天気のいい日は羊蹄山も全貌できる

レストハウス梓

レストハウスあずさ

●住：有珠郡壮瞥町字壮瞥温泉75-1
●T：0142-75-2634
●休：火曜日
●P：16台（無料）
●席：40席（11：00～14：00禁煙／14：00～20：00喫煙可）
●営：11：00～20：00
●アクセス：洞爺湖温泉街より車で約5分

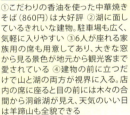

UMICAFE MORICAFE
海cafe

夕日が沈む地平線に赤く染まる日本海

石狩湾をパノラマで一望出来るカフェ

ＪＲ銭函駅を降りるとすぐに石狩湾の絶景が広がり、さらに海が目の前に迫るテラスに出ると、潮の香りが感じられる数少ない海カフェ。窓から見る風景は日によって１８０度違う海の表情が見る事ができる。特に雨の日は荒波が目の前まで迫るような迫力があり、天気の良い日は透き通るような海の青さが実感できる。そして夕日が沈んだ後に雲に映る赤色が芸術を思わせるかのよう。その空間を無農薬

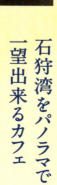

栽培で育てた「森のコーヒー」の香りがさらに引き立てる。「渡り蟹のトマトクリームスパゲティ」は女性に大人気で原材料も道産が中心でメニューも多く、道内のみならず、道外からの客にも親しまれている。

①一番人気、渡り蟹のトマトスパゲティ（1,200円）②日本海を目の前に家族からカップルまで楽しめる席を用意してある ③こだわりの味 森のコーヒー（500円、食後200円）④JR銭函駅の斜め向かいにあり迷うことなくたどり着ける

Restaurant 癒月

レストラン ゆづき

●住：小樽市銭函1丁目23-2　●T：0134-62-0184
●休：月曜日、第1火曜日　●P：9台（無料）
●席：47席（11:00～ 全席禁煙／17:00～ カップルシートのみ禁煙）
●営：昼11:00～15:00（LO14:30）／カフェタイム15:00～17:00（LO16:30）／夜17:00～21:00（LO20:00）土日のみ営業
●アクセス：JR銭函駅より徒歩約1分

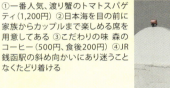

INDEX

［あ行］

ARTLACZÉ …… 082
アルトラーチェ［北広島市］

いぶし屋 …… 094
いぶしや［白老町］

上野ファーム NAYA café …… 006
うえのファーム ナヤカフェ［旭川市］

ウッディ・ライフ …… 074
ウッディ・ライフ［上富良野町］

海のダイニング shirokuma …… 098
うみのダイニング シロクマ［函館市］

えさし海の駅「開陽丸」 ぷらっと江差 …… 096
えさしうみのえき「かいようまる」 ぷらっとえさし［江差町］

大倉山 月見想珈琲店 …… 042
おおくらやま つきみそうこうひいてん［札幌市］

［か行］

ガーデンカフェ&レストラン スウィートグラス …… 032
ガーデンカフェアンドレストラン スウィートグラス［恵庭市］

海峡の茶処 爽 …… 106
かいきょうのちゃどころ さわ［知内町］

Café&うつわ tomono …… 008
カフェアンドうつわ トモノ［陸別町］

cafe én …… 044
カフェ エン［函館市］

カフェ崖の上 …… 050
カフェがけのうえ［札幌市］

［さ行］

ザ バード ウォッチング カフェ …… 022
ザ バード ウォッチング カフェ［千歳市］

自家焙煎珈琲 ピーベリー …… 048
じかばいせんこうひい ピーベリー［函館市］

支笏湖観光センター …… 118
しこつこかんこうセンター［千歳市］

士幌高原ヌプカの里 …… 116
しほろこうげんヌプカのさと［士幌町］

JAZZ&カフェ 茶菓いっ風 …… 114
ジャズアンドカフェ ちゃかいっぷう［新冠町］

shirokuma Coffee しろくまコーヒー …… 092
シロクマ コーヒー［小樽市］

ソーケシュ製パン×トモエコーヒー …… 080
ソーケシュせいパン×トモエコーヒー［喜茂別町］

［た行］

椿サロン 夕焼け店 …… 054
つばきサロン ゆうやけてん［新冠町］

ティーショップ夕日 …… 014
ティーショップゆうひ［函館市］

［な行］

nonびり～の …… 018
ノンびり～の［苫小牧市］

- ☘ **cafe T's+** カフェ ティーズプラス［函館市］……046
- ⚓ **カフェテリア モーリエ** カフェテリア モーリエ［函館市］……066
- ⚓ **cafe FLEUR** カフェ フルール［小樽市］……086
- ⚓ **Cafe LAMINAIRE** カフェ ラミネール［函館市］……110
- ☘ **カフェレストラン ヴィーニュ** カフェレストラン ヴィーニュ［札幌市］……040
- ☘ **カントリーパパ** カントリーパパ［鹿追町］……030
- ☘ **喫茶セリナ** きっさセリナ［札幌市］……058
- ⚓ **喫茶ポルク** きっさポルク［増毛町］……070
- ☘ **ぎゃらりー&かふぇ ねこ道楽** ぎゃらりーアンドかふぇ ねこどうらく［石狩市］……024
- ☘ **900草原** キュウマルマルそうげん［弟子屈町］……078
- ☘ **gla_gla** グラグラ［洞爺湖町］……028
- ☘ **けんちくとカフェKanna** けんちくとカフェカンナ［札幌市］……026
- ⚓ **Coffee Room FLOAT** コーヒールーム フロート［北斗市］……102

［は行］

- ☘ **バイエルン** バイエルン［壮瞥町］……084
- ☘ **high grown café** ハイ グロウン カフェ［札幌市］……060
- ⚓ **View Café** ビュー カフェ［小樽市］……062
- ⚓ **BOOT CAFÉ 艀** ボートカフェ はしけ［小樽市］……010

［ま行］

- ☘ **MEON garden Café** ミオン ガーデン カフェ［千歳市］……036

［ら行］

- ☘ **Ristorante e Caffe nao** リストランテ エ カフェ ナオ［千歳市］……034
- ⚓ **リセンヌ** リセンヌ［石狩市］……088
- ⚓ **レストハウス梓** レストハウスあずさ［壮瞥町］……122
- ⚓ **Restaurant 癒月** レストラン ゆづき［小樽市］……124

［☘……森カフェ ⚓……海カフェ］

[編　　集]　浅井　精一
大桑　康寛（エバーグリーン）
魚住　有

[取材・文]　鈴木　精良
大桑　康寛
草苅　いずみ（でざいんるーむ）

[撮　　影]　高橋　ゆかり
大桑　康寛
富田　桃子（富田桃子写真事務所）

[Design・制作]　CD,AD:玉川　智子
D:里見　遥
D:五十嵐　ひなの

北海道 すてきな旅CAFE
森カフェ&海カフェ 新装改訂版

2019年7月30日　第1版・第1刷発行

著　者　北のcafe編集室（きたのかふぇへんしゅうしつ）
発行者　メイツ出版株式会社
代表者　三渡　治
〒102-0093 東京都千代田区平河町一丁目1-8
TEL：03-5276-3050（編集・営業）
03-5276-3052（注文専用）
FAX: 03-5276-3105
印刷　三松堂株式会社

ISBN978-4-7804-2214-6 C2026 Printed in Japan.

ご意見・ご感想はホームページから承っております。

メイツ出版ホームページアドレス　http://www.mates-publishing.co.jp/

編集長:折居かおる　副編集長:堀明研斗　企画担当:折居かおる

※本書は2015年発行の『北海道すてきな旅CAFE　森カフェ&海カフェ【道央・道南編】』の改訂版です。